安徽省优秀科研创新团队项目"多维创新驱动安徽城乡高质量融合"（项目号：2022AH010069）

韩慧霞/著

贸易政策不确定性 对高技术产业出口技术复杂度的 影响研究

Study on the Influence of Trade Policy Uncertainty
on the Export Technology Complexity
of High-tech Industry

中国财经出版传媒集团

经济科学出版社
Economic Science Press

·北京·

图书在版编目（CIP）数据

贸易政策不确定性对高技术产业出口技术复杂度的影响研究／韩慧霞著 . -- 北京：经济科学出版社，2025.3. -- ISBN 978 - 7 - 5218 - 6813 - 5

Ⅰ. F752. 62

中国国家版本馆 CIP 数据核字第 2025MR1789 号

责任编辑：杜　鹏　武献杰　常家凤
责任校对：李　建
责任印制：邱　天

贸易政策不确定性对高技术产业出口技术复杂度的影响研究

MAOYI ZHENGCE BUQUEDINGXING DUI GAOJISHU CHANYE
CHUKOU JISHU FUZADU DE YINGXIANG YANJIU

韩慧霞◎著

经济科学出版社出版、发行　新华书店经销
社址：北京市海淀区阜成路甲 28 号　邮编：100142
编辑部电话：010 - 88191441　发行部电话：010 - 88191522
网址：www. esp. com. cn
电子邮箱：esp_bj@ 163. com
天猫网店：经济科学出版社旗舰店
网址：http：//jjkxcbs. tmall. com
固安华明印业有限公司印装
710 × 1000　16 开　12 印张　190000 字
2025 年 3 月第 1 版　2025 年 3 月第 1 次印刷
ISBN 978 - 7 - 5218 - 6813 - 5　定价：99. 00 元
（图书出现印装问题，本社负责调换。电话：010 - 88191545）
（版权所有　侵权必究　打击盗版　举报热线：010 - 88191661
QQ：2242791300　营销中心电话：010 - 88191537
电子邮箱：dbts@ esp. com. cn）

前　　言

　　在全球经济一体化的浪潮中，贸易政策的稳定性一直是各国经济发展的关键基石。然而，近年来，一系列重大事件如美国大选的不确定性、欧洲难民危机的持续发酵、英国脱欧的复杂进程等"黑天鹅"事件，与百年未有之大变局中大国之间的激烈博弈相互交织，产生了显著的"多米诺骨牌效应"，导致全球贸易政策不确定性（trade policy uncertainty，TPU）急剧上升。这种不确定性不仅加剧了各国经济的脆弱性，还使得全球贸易增速明显放缓，贸易的未来走向充满了不可预知的风险。在此节点上，出口产品的技术含量和出口企业的生产率俨然成为各国能否有效应对外部 TPU 冲击的关键因素。高技术产业的出口技术复杂度作为衡量一国技术创新水平的重要指标，越发凸显其重要性。具体而言，出口技术复杂度不仅涵盖了出口产品的技术含量，还反映了出口企业的生产效率，是一个综合性的概念。高技术产业被视为国家经济发展的"先头兵"，其出口技术复杂度能够最直观地代表一个国家的技术水平和创新能力。在全球贸易政策不确定性日益加剧的背景下，探索 TPU 如何影响高技术产业的出口技术复杂度，及其背后的机制与路径，成为当前经济研究中的一项重要课题。理解这一影响关系，不仅可以帮助政策制定者更好地设计应对策略，促进贸易增长，还能够为企业在复杂的国际环境中优化决策提供理论支持。

　　鉴于此，本书在已有研究的基础上，基于国际贸易学、产业经济学、计量经济学、区域经济学等相关经济理论，借鉴梅利茨（2003）、汉德利和利茂（2013）以及比斯托（2011）等的研究，首次构建了一个能容纳主要事实和重要因素的分析框架，并通过严格而细致的数理模型推导出了贸易伙伴TPU 对高技术产业出口技术复杂度的影响机制。在此基础上，本书实证层面运用联合国统计署的商品贸易数据库（SITC Rev. 3）、世界银行的 WITS 数据库以及世界贸易组织非关税措施（non-tariff measures，NTMS）等数据库，构建包含全球 96 个经济体 1995～2020 年的跨国面板数据，运用统计、计量及面板数据等处理方法对两者之间的关系及相关理论假说进行了检验，并进一步得出了应对贸易伙伴 TPU 冲击深化我国高技术产业技术出口复杂度的政策建议。特别值得关注的是，专著选取中国作为典型样本进行深度案例分析，这不仅源于中国作为全球最大高技术产品贸易国的典型性，更因其在应对中美贸易摩擦、RCEP 区域合作等重大政策冲击中形成的独特实践经验，为新兴经济体技术追赶路径研究提供了鲜活范本。

　　本书在理论构建与实证检验层面均体现出较高的学术创新价值，是一本学术性较强的国际贸易学专著。通过阅读这本书，读者可以深入了解全球高技术产业出口技术复杂度在贸易政策不确定性冲击下的发展情况以及我国高技术产业出口技术复杂度深化过程中面临的挑战和机遇。它既可以为国际贸易专业的研究同仁、高校教师以及研究生提供兼具理论深度与方法创新的学术参考，也可以为政策制定者设计技术贸易促进政策、构建产业链风险预警机制提供决策依据，同时为高技术企业应对外部政策冲击、优化全球价值链布局提供战略指引，具有显著的学术价值和现实指导意义。

　　自然，由于笔者知识与精力有限，本书不可避免存在诸多不成熟和不足之处，敬请各位读者指正交流。

韩慧霞

2024 年 10 月

目　　录

|第一章|

绪　　论

第一节　研究背景与研究意义

一、研究背景

人类历史是科学技术不断为经济发展赋能的历史。高技术产业作为一种技术性、创新性、战略性产业，是一个独立于传统产业的特殊产业群体。该产业作为一国产业发展的"先头兵"，其技术水平哪怕只领先一小步，就能推动一国经济飞速发展（马亚雪等，2024；赵玉林和谷军健，2018）。随着高技术产业对各国社会进步、经济繁荣和国家安全的作用逐渐凸显，该产业发展日益成为各国占领"新一轮经济增长制高点"的重要阵地（杜赞，2024；韩慧霞等，2022）。正因为如此，各国政府纷纷将高技术产业作为战略产业进行重点扶持，从政策层面为高技术产业的顺利、有效发展保驾护航。事实上，制定针对性的高技术产业发展政策一直都是发达国家以及经济发展较快国家扶持高技术产业发展最重要、最有效的措施之一（程磊，2019）。表 1.1 显示了 20 世纪后半期部分发达国家以及经济发展较快国家扶持高技术产业的政策措施。

表 1. 1 部分国家扶持高技术产业的政策措施

代表国家	扶持高技术产业的政策措施
美国	1983 年实施"小企业革新计划"和"战略防御倡议";1991 年实施"高性能计算机和信息计划";1993 年实施"以中小企业技术革新为主的导向计划"和"信息高速公路计划"
日本	1984 年实施"科技振兴政策";1986 年通过"科技政策大纲",1992 年又推出新"科技政策大纲";1992 年实施"第五代计算机发展计划"和"开发新工业材料计划"
德国	1984 年实施"信息技术五年振兴计划";1985 年批准"1985～1989 年生物技术发展计划";1989 年推出"促进中小企业科学研究新构想";1995 年成立"研究、技术与创新委员会"
英国	1981 年制定"信息领域研究计划";1982 年实施"光电子产品研制计划和柔性制造系统计划";1983 年实施"阿维尔信息计划";1986 年实施"联系计划";1987 年实施"分子电子学研究计划"等
法国	1982 年推出"电子行业行动计划";1985 年实施"全民信息计划"以及密特朗总统倡议的"尤里卡计划"
中国	1986 年实施的"863 计划"是以前沿技术研究为重点的国家高技术研究发展计划

注:作者根据各国颁布的高技术产业的政策措施整理得到。

表 1. 2 展示了部分年份主要国家高技术产业的出口情况。从中可以看出,表 1. 1 列出的那些对高技术产业进行长期重点战略扶持的国家,其高技术产业出口均实现了显著提升,年均增长率普遍超过 2%。其中,我国高技术产业出口更是呈现出"爆炸式增长",年增长率高达 63. 39%,这一成就令人欣喜且引人瞩目。我国在高技术产业领域的迅速崛起与政府深入实施的"十三五"规划纲要密切相关。该规划明确提出要加快推动科技创新和产业结构升级,以提升国家的综合竞争力。此外,我国积极推进的"创新驱动发展战略"强调通过技术创新来促进经济转型,使得高技术产业得以快速发展。这些政策共同作用不仅推动了高技术产业的技术进步和产品质量提升,还增强了企业的国际竞争力,使得我国在全球高技术产业链中占据越来越重要的位置。

表1. 2　　　　　　部分年份主要国家高技术产业出口总额　　金额单位：百万美元

国家	1995 年	2000 年	2005 年	2010 年	2015 年	2019 年	年增长率（%）
美国	58296	78183	90104	127810	150185	164428	7. 28
日本	44294	47927	59494	76977	62487	70564	2. 37
德国	52370	54960	97713	126774	132850	149309	7. 40
英国	23437	29490	39274	42201	46630	46751	3. 98
法国	27784	29535	43435	51165	49394	56108	4. 08
中国	14878	24920	76195	157776	227347	250660	63. 39
瑞士	8164	8047	13092	19561	29196	31363	11. 37
荷兰	20319	21342	40637	57425	57044	70668	9. 91
韩国	12506	17227	28441	46638	52675	54217	13. 34
新加坡	11826	13780	23034	35324	35794	39033	9. 20

注：作者根据联合国统计署商品贸易数据库提供的数据整理得到。

然而，在这些喜人的数据背后也应看到，我国进口的大多是高价值、高技术的产品和零部件，出口的则是低价值、低技术的产品和零部件，高技术产品贸易的低端"锁定"状况十分明显，大而不强的问题十分突出。表1. 3列举了 2017 年中国与美国主要的贸易产品。表1. 3 显示中国向美国出口的前三大类产品合计占比 53. 0%，从美国进口的前三大类产品合计占比 31. 8%。在这前三大类贸易产品中，中国对美国出口的"高技术产品"大多只是在华加工的劳动密集型产品，而中国从美国进口的则是技术含量较高的产品。事实上，中国与其他发达经济体之间的高技术产品贸易也呈现出这一特征。2018 年美国政府基于"301 调查"发布的针对我国的制裁清单中高达84% 的产品为尖高端产品[①]。这意味着一旦发达经济体对我国的高技术核心中间品进口施行技术上的"卡脖子"行为，我国高技术产业的发展将受到严重影响。2018 年"中兴芯片事件"就揭露了我国核心技术的缺失之痛，这一事件给我们当头棒喝：发展高技术产业、掌握核心技术、推动高技术产业提质升级已十分紧迫。

---

①　该报告依据比利时布鲁盖尔智库对产品的分类，其将所有产品分为尖端产品、高端产品、中端产品和低端产品。

表 1. 3 　　　　　　　　　2017 年中国对美国主要贸易商品

进口商品	占从美进口货物比重（%）	出口商品	占对美出口货物比重（%）
第 85 章　电机、电器、音像设备及其零部件	11. 3	第 85 章　电机、电器、音像设备及其零部件	24. 9
第 84 章　核反应堆、锅炉、机械器具及零件	10. 7	第 84 章　核反应堆、锅炉、机械器具及零件	21. 3
第 87 章　产量及其零附件，但铁道车辆除外	9. 8	第 94 章　家具、寝具等、灯具、活动房	6. 8
第 12 章　油籽、子仁、工业或药用植物、饲料	9. 5	第 95 章　玩具、游戏机或运动用品及其零附件	4. 3
第 88 章　航空器、航天器及其零件	9. 2	第 61 章　针织和钩编的服装及衣着附件	3. 7
第 90 章　光学、照相、医疗等设备及零附件	7. 6	第 39 章　塑料及其制品	3. 6
第 27 章　矿物燃料、矿物油及其产品；沥青等	4. 7	第 87 章　产量及其零附件，但铁道车辆除外	3. 5
第 39 章　塑料及其制品	4. 5	第 62 章　非针织或非钩编的服装及衣着附件	3. 3

注：表中数据来源于中国海关 2018 年的统计数据与 2018 年 9 月国务院办公厅发布的《关于中美经贸摩擦的事实和中方立场》。表中所列为 HS2 位码商品。

近年来，美国大选、欧洲难民危机、英国硬脱欧等"黑天鹅"事件以及在百年变局中大国博弈产生的"多米诺骨牌效应"共同导致全球贸易政策不确定性急剧上升。这种不确定性不仅影响了各国的经济决策和投资环境，也对国际贸易流动造成了深远的影响。在 TPU 冲击下，全球贸易增速显著放缓，各国贸易总量提升乏力，而我国高技术产业出口亦难以避免"规模发展"的趋势性下滑。在这一背景下，我国的高技术产业面临着前所未有的挑战。贸易总量能否进一步提升充满了不确定性，企业在国际市场上拓展的空间受到限制，竞争环境变得更加复杂。高技术产业作为推动国家经济转型和升级的重要引擎，其发展状况直接关系到国家整体经济的稳定与持续增长。因此，在此节点上我国高技术产业能否实现提质升级成为经受外部 TPU 冲击与考验的关键。

高技术产业提质升级的效果可以由高技术产业的国际竞争力衡量，而高技术产业的国际竞争力又可以由该产业的出口技术复杂度决定（Hausmann et al.，2007；周茂等，2019）。现有文献均认为出口技术复杂度作为集出口产品技术含量和企业生产率为一体的综合概念，可以表示一国出口的技术含量、衡量一国的技术创新水平。高技术产业作为一国产业发展的"先头兵"，其出口技术复杂度最能代表一国的技术水平和创新能力。因而，提升我国高技术产业的出口技术复杂度是解决我国高技术产业发展面临的"卡脖子"行为、推动我国高技术产业提质升级的一个着力点。在当前贸易摩擦及 TPU 不断上升的背景下，找到 TPU 影响高技术产业出口技术复杂度的机制及路径、找出深化我国高技术产业出口技术复杂度的有效途径、趋利避害，是值得研究的大课题。

要想在全球 TPU 不断上升的背景下找出深化高技术产业出口技术复杂度的有效路径就需要弄清楚这两者之间的影响机制。通过文献梳理发现目前尚未有专门研究 TPU 对一国高技术产业出口技术复杂度影响的文献。虽然部分学者研究了贸易自由化、反倾销、贸易壁垒等与贸易政策相关的因素对某个行业（且大部分为制造业）出口技术复杂度的影响（Xuan，2016；戴翔，2016；周茂等，2019 ；盛斌和毛其淋，2017；杨连星等，2017；戴魁早和方杰炜，2019），但是这些文献并未直接涉及 TPU。也有部分学者的研究表明了 TPU 的不断上升会对高技术产业出口技术复杂度的一些决定因素，如产品创新、研发投入、出口市场竞争等产生直接且重要的影响（佟家栋和李旗胜，2015；Feng et al.，2017；李敬子和刘月，2019；周定根等，2019），但是这些文献依然未对 TPU 与高技术产业出口技术复杂度之间的关系进行系统研究。

可见，现有关于 TPU 与高技术产业出口技术复杂度的研究都是平行进行的，两者之间还未形成系统的理论框架，两者之间的实证研究也亟待补充完善。因此，通过理论分析明确两者之间的理论传导机制具有重要的理论和现实意义。鉴于此，本书在归纳已有研究的基础上，基于国际贸易学、产业经济学、计量经济学、区域经济学等相关经济理论，借鉴梅利茨（Melitz，2003）、汉德利和利茂（Handley and Limão，2013）以及比斯托（Bustos，2011）等的研究首次构建了一个能容纳主要事实和重要因素的理论框架，并通过严格而细致的数理模型推导出了贸易伙伴 TPU 对一国高技术产业出口技术复杂度的影响机制。在此基础上，本书运用统计、计量及面板数据等处理方法，对两者之间的关系及相关理论假说进行了实证检验。最后，本书提出了应对贸易伙伴 TPU 冲击深化我国高技术产业技术出口复杂度的政策建议。

二、研究意义

研究贸易伙伴 TPU 对高技术产业出口技术复杂度的影响不仅具有理论意义，还具有重要的现实意义。具体体现在：

第一，理论意义。随着全球 TPU 的不断上升，学术界对 TPU 的关注越来越多。虽然 TPU 会通过出口市场竞争、研发投入、产品创新等渠道影响高技术产业出口技术复杂度，但是学术界关于 TPU 与出口技术复杂度的研究都是平行进行的，两者之间还未形成系统的理论分析框架。从现有文献来看，针对这两者的理论机制与实证研究明显不足，这也为本书的研究提供了契机。因此，本书的研究不仅顺应了该领域的发展趋势，丰富了该领域的现有研究，也为该领域的后续研究提供了理论借鉴。

第二，现实意义。首先，在当前全球贸易摩擦频发和各种"黑天鹅"事件不断冲击的背景下，各国都需要提升高技术产业出口技术复杂度来稳定以及拉动本国经济增长。可以说，探讨贸易伙伴 TPU 冲击对高技术产业出口技术复杂度的影响具有很强的时代意义。其次，高技术产业出口技术复杂的特征性事实可以使人们从全球视角审视该产业的演变规律和发展进程、预判高技术产业的发展态势、分析我国高技术产业出口技术复杂度深化过程中存在的困难与障碍，从而为我国深化高技术产业出口复杂度提供国际经验。最后，对贸易伙伴 TPU 影响高技术产业出口技术复杂度的实证分析有助于人们深刻认识高技术产业当前经历的贸易摩擦及技术封锁的原因，为我国管理贸易伙伴、利用国际技术溢出、提高自身技术创新能力提供指导意见。

第二节 研究思路、主要内容与研究方法

一、研究思路

本书以 TPU 和高技术产业出口技术复杂度为研究对象，在对两者进行充足文献梳理的基础上，借鉴相关学者的研究构建了一个能容纳主要事实和重要因素的分析框架，并推导出了贸易伙伴 TPU 影响高技术产业出口技术复杂度的理论机制。为了对两者之间的关系进行初步判断，本书运用联合国统计署的商品贸易数据库（SITC Rev. 3）、世界银行的 WITS 数据库以及世界贸易组织非关税措施数据库（Non‒tariff measures，NTMS）等数据库，通过大量的数据处理测度了全球 96 个经济体 1995～2020 年的高技术产业及其五个高技术细分行业的出口技术复杂度以及各经济体贸易伙伴的 TPU。本书进一步运用统计、计量及面板数据等处理方法，对两者之间的关系及相关理论假说进行了实证检验。在理论和实证分析的基础上，本书进一步提出了应对贸易伙伴 TPU 冲击深化我国高技术产业技术出口复杂度的政策建议。本着"发现问题→分析问题→解决问题"的基本思路本书对上述问题进行了研究，正文一共分为七个章节，具体安排如图 1.1 所示。

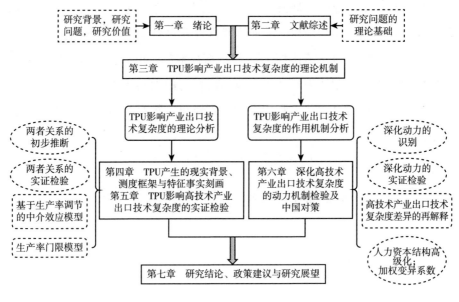

图1.1 研究框架

二、研究内容

第一章，绪论。本章从研究背景入手阐述了本书的研究意义，并在阐明本书研究思路的基础上构建了本书的研究框架，最后阐明了本书的研究方法和研究的创新点。

第二章，文献综述。本章主要梳理了出口技术复杂度及 TPU 的相关文献，厘清了两者的研究现状，并归纳出了现有关于出口技术复杂度及 TPU 的测度方法。本章还重点对出口技术复杂度的影响因素进行了总结，并基于现有文献初步分析了 TPU 与高技术产业出口技术复杂度深化的内在关系。本章最后对高技术产业出口技术复杂度与 TPU 研究的国内外文献进行评述，找出了现有研究的不足与空白，明确了研究的理论基础。

第三章，TPU 影响产业出口技术复杂度的理论机制。本章基于梅利茨（Melitz，2003）的理论分析框架，在借鉴汉德利和利茂（Handley and Limão，2013）、比斯托（Bustos，2011）和布卢姆（Bloom，2007）思路的基础上首次构建了一个包含 TPU 与产业出口技术复杂度的理论模型，并通过严格而细致的数理模型刻画了贸易伙伴 TPU 对一国产业出口技术复杂度的影响机理。理论分析表明，贸易伙伴 TPU 下降既会吸引新企业进入而产生新的出口，也会激励现有出口企业进行技术升级而增加出口，这两种途径（出口二元边际）是深化一国产业出口技术复杂度的重要渠道。理论分析还表明，不同生产率的企业在面对贸易伙伴 TPU 冲击时对"是否出口、出口多少以及是否进行技术升级"会有不同的选择，并得出生产率会调节出口在 TPU 和产业出口技术复杂度之间的作用。因此，企业进行技术升级提高生产率对于其应对贸易伙伴 TPU 冲击深化出口技术复杂度十分重要。理论分析还表明，决定企业技术升级能否成功的关键因素是技术升级资本积累和人力资本结构高级化。具体而言，企业技术升级成功的第一步是通过自身贸易利得积累（收入效应）、政府补助以及社会融资（信号效应）等多元化融资渠道获得巨额而持续的技术升级资本，而企业能否依据自身要素禀赋将部分技术升级资本转化为人力资本完成"惊险的跳跃"则是实现技术升级的第二步。

第四章，TPU 产生的现实背景、测度框架与特征事实刻画。首先，本章从大国博弈和全球不确定"黑天鹅"事件冲击的视角探讨了 TPU 产生的现实背景；其次，本章依据我国统计局发布的《中国高技术产业统计年鉴2019》中的分类，并基于豪斯曼等（Hausmann et al.，2005）运用联合国统计署的商品贸易数据库发布的高技术产品出口数据测度了全球 96 个经济体1995 ~ 2020 年的高技术产业及其五个高技术细分行业的出口技术复杂度，并使用世界银行的 WITS 数据库计算出了各经济体贸易伙伴的 TPU，这为接下来的特征性事实分析以及实证研究提供了数据基础；再次，本章分析了全球以及中国高技术产业出口技术复杂度的动态演变，对中国在全球高技术产业价值链中的位置进行了探底定位，厘清了全球以及中国高技术产业出口技术复杂度的真实水平；最后，本章系统展现了 TPU 与高技术产业出口技术复杂度的特征性事实，对各经济体高技术产业出口技术复杂度与贸易伙伴 TPU 之间的关系进行了初步探索。

第五章，TPU 影响高技术产业出口技术复杂度的实证检验。首先，本章构建计量模型并利用长跨度时间面板序列数据验证了贸易伙伴 TPU 上升不利于一国高技术产业出口技术复杂度深化的核心结论。在考虑内生性问题、替换 TPU 和安慰剂检验之后该结论依然稳健。其中，稳健性检验部分发现基于非关税的 TPU 不利于一国高技术产业出口技术复杂度的深化，且与基于关税的 TPU 相比，基于非关税政策变动的 TPU 带来的抑制效应更大。其次，为了综合考虑贸易伙伴 TPU 冲击、生产率以及出口对高技术产业出口技术复杂度的影响，本章构建了一个基于生产率调节的中介效应模型，该模型全面检验了贸易伙伴 TPU 影响高技术产业出口技术复杂度的理论机制，探讨了高技术产业出口在这一过程中的中介作用以及高技术产业生产率对这一中介的调节作用。理论和实证结果均证明了高技术产业出口和生产率对于一国高技术产业出口技术复杂度提升的重要性，强化了高技术产业生产率在应对贸易伙伴 TPU 冲击提升高技术产业出口技术复杂度的作用。最后，本章以高技术产业生产率为门限变量设立了面板门限回归模型，验证了第三章理论模型部分得出的"在贸易伙伴 TPU 影响产业出口技术复杂度的过程中存在着生产率门限效应"的结论，三个样本回归结果均证实了贸易伙伴 TPU 与高技术产业出口技术复杂度之间确实存在生产率门限效应。

第六章，深化高技术产业出口技术复杂度的动力机制检验及中国对策。首先，本章构建基准模型验证了技术升级资本积累和人力资本结构高级化对高技术产业出口技术复杂度的影响。其次，本章构建了动态面板模型验证了这两个深化动力在应对贸易伙伴 TPU 冲击深化高技术产业出口技术复杂度中的作用。回归结果呼应了理论假说，即企业所积累的技术升级资本以及人力资本结构高级化水平是一国应对贸易伙伴 TPU 冲击深化高技术产业出口技术复杂度的关键，并且人力资本结构高级化更有利于其高技术产业出口技术复杂度的深化。本书认为虽然技术升级资本、人力资本结构高级化以及其他因素均能促进一国高技术产业出口技术复杂度深化，但是这并不代表它们能较好地解释不同经济体的差异。因此，为了客观揭示不同经济体高技术产业出口技术复杂度差距的主要成因，本章通过使用加权变异系数对上述指标的差异程度进行衡量并建立实证模型发现，人力资本结构高级化差异能更好地解释各经济体高技术产业出口技术复杂度之间的差距，并据此明确了调控中国人力资本结构深化高技术产业出口技术复杂度的着力点。

第七章，研究结论、政策建议与研究展望。首先，本章对全书的理论及实证研究进行梳理得出本书的研究结论；其次，本章基于研究结论给出了应对贸易伙伴 TPU 冲击深化我国高技术产业出口技术复杂度的政策建议；最后，本章对 TPU 与高技术产业出口技术复杂度的研究前景进行了展望，指出研究的局限性以及未来可能的研究方向。

三、研究方法

研究方法决定了研究过程能否顺利展开以及研究结果是否可靠。本书的研究兼具理论性和现实性，在研究过程中，本书既传承了已有研究的基本思路，又考虑了同一经济体不同发展阶段以及不同发展阶段经济体的差异。为了使本书的研究结果更加可靠，在研究方法上，本书综合考虑了理论、实证及政策的需要，采用国际贸易学、产业经济学、计量经济学、区域经济学等学科的理论和方法，采取规范分析与实证分析相结合、静态分析与动态分析相结合以及比较分析等方法进行了综合研究。

（1）规范分析与实证分析相结合。运用规范分析与实证分析相结合的方法可以使本书的研究更具理论和实践意义。具体而言，本书在收集、阅读、分析、归纳和总结国内外关于国际贸易、技术创新、出口技术复杂度以及 TPU 等文献的基础上对 TPU 与高技术产业技术复杂度之间的关系进行了理论分析及数理推导，并构建了本书的理论分析框架。在理论分析框架基础上，本书在第四章、第五章和第六章建立多元回归模型、固定效应和随机效应模型、有调节的中介效应模型、面板门限模型、动态面板模型，并综合使用生产前沿法、工具变量法、系统广义距估计法（系统 GMM）、动态混合估计法、加权变异系数法、基尼系数和 σ 系数等方法，为厘清两者之间的影响机制提供了实证支持。

（2）静态分析与动态分析相结合。在经济学研究中，静态分析是基本分析，而考虑了时间因素之后的动态分析也是经济学研究中必不可少的。各经济体的贸易政策和高技术产业出口技术复杂度的变化都是动态变化的。在具体研究中，本书既采用相关节点数据对各经济体高技术产业出口技术复杂度进行了描述，又分析了具体时间段各经济体高技术产业出口技术复杂度的动态演变过程，并对高技术产业出口技术复杂度与其贸易伙伴 TPU 两者之间的特征事实进行了动态展示。动静相结合的分析方法有助于人们观察各经济体高技术产业在全球价值链中的地位以及贸易伙伴贸易政策的演变趋势，有助于人们对各经济体高技术产业的发展态势进行前瞻性预判，了解我国高技术产业发展过程中的困难与障碍，为我国深化高技术产业出口复杂度提供启示和借鉴。

（3）比较分析法。本书使用的对比分析方法沿着两个方向进行展开：一是进行横向的跨国层面的对比，对各经济体的 TPU 和高技术产业技术复杂度进行对比分析；二是进行纵向的各个经济体自身高技术产业技术复杂度动态演变的对比分析，并对相关分析结果进行比较分析。通过横向和纵向的比较分析，可以获得更为准确可靠的估计结果。此外，本书还对比分析了基于关税的 TPU 指数和基于非关税的 TPU 对高技术产业技术复杂度的不同影响，得出了应对不同 TPU 冲击的应对策略。

第三节　研究的创新点

本书在梳理已有 TPU 与产业出口技术复杂度研究的基础上通过构建相应的理论框架来分析贸易伙伴 TPU 冲击对一国高技术产业出口技术复杂度的影响，并对相关理论假设进行了实证检验。在当前贸易摩擦加剧以及 TPU 不断上升的大背景下，本书的研究对深化我国高技术产业出口技术复杂度、提高我国高技术产业在全球价值链中的分工地位以及实现经济高质量发展具有重要的现实意义。整体而言，文章可能的创新点可以归结为以下三个方面。

第一，理论方面。学术界关于 TPU 与产业出口技术复杂度的研究都是平行进行的，两者之间还未形成系统的理论分析框架。理论框架的缺失不仅使该领域的实证检验缺乏理论基础，而且使检验指标和控制变量的选择呈现出随机性，降低了不同学者之间研究结论的可比性。鉴于此，本书在梅利茨（Melitz，2003）研究的基础上，并借鉴汉德利和利茂（Handley and Limão，2013）、比斯托（Bustos，2011）和布卢姆（Bloom，2007）等学者的思路首次构建了一个能容纳主要事实和重要因素的分析框架，并通过严格而细致的数理模型推导出了贸易伙伴 TPU 变化对一国高技术产业出口技术复杂度的影响，厘清了 TPU 影响高技术产业出口技术复杂度的过程和机制，打开了 TPU 影响高技术产业出口技术复杂度"黑箱"。本书的研究不仅补充和完善了现有理论，也为科学应对贸易伙伴 TPU 冲击深化我国高技术产业出口技术复杂度提供了理论支持。

第二，实证方面，关于核心指标 TPU 的测度方面，本书不仅使用比较流行的差分法测量了各经济体基于关税的 TPU 指数，还借鉴梅雷迪思等（Meredith et al.，2018）的"关税回音"理论测量了各经济体基于非关税政策的 TPU。这样的分类测度可以让人们对关税政策与非关税政策变动对高技术产业技术复杂度的异质影响进行深入的对比分析，并对不同的 TPU 冲击采取不同的应对政策。实证部分还从跨国层面对理论机制进行了验证，得出了全球、发达经济体以及新兴市场经济体贸易伙伴 TPU 变动对其高技术产业出口技术复杂度的影响。本书立足于中国尚处于国际高技术产业链和价值链低端的现状，并结合中国仍然是新兴经济体的现实，将理论和实证结论迁移到中国分析了中国高技术产业出口技术复杂度的演变及贸易伙伴 TPU 的影响，开辟了新的分析视角。

第三，本书对准确理解高技术产业出口技术复杂度提升背后的驱动因素亦有一定的贡献。本书从外部 TPU 变动的角度深入考察了高技术产业出口技术复杂度的决定因素，突破了从投入和产出等实际经济变量视角解读高技术产业出口技术复杂度的传统研究范式，将高技术产业出口技术复杂度的影响因素由具体的经济变量冲击转向一般的信心冲击，为全球高技术产业出口技术复杂度的动态演变提供了新颖的解释。此外，本书还检验了贸易伙伴 TPU 影响高技术产业出口技术复杂度的作用机制，并从多个维度考察了贸易伙伴 TPU 对高技术产业出口技术复杂度的异质性影响效应，有助于深化人们对贸易伙伴 TPU 与高技术产业出口技术复杂度之间内在关系的认识。

第二章

文献综述

本章就与本书研究相关的文献进行梳理，以期在文献梳理的过程中找出现有研究的不足和空白，明确本书研究的理论基础和研究重点，为深入探讨高技术产业在全球贸易中的发展路径奠定基础。本章内容具体包括国际贸易与技术创新相关的研究、产业出口技术复杂相关的研究以及 TPU 与高技术产业出口技术复杂度之间的研究三个方面。

第一节　关于国际贸易与技术创新的研究

贸易学家对国际贸易的系统研究形成了国际贸易理论。最早对国际贸易进行的系统研究中出现了重商主义（14 世纪末～18 世纪初），该学派反对自由贸易，主张政府实行"奖出限入"的贸易政策干预对外贸易。重农学派（17 世纪下半叶出现）则反对重商主义的政策干预，主张自由贸易。重农学派的自由贸易思想表现出一定的进步性，但因为重农学派过分重视农业而轻视商业，使得该学派的思想又有一定的局限性。18 世纪古典经济学家亚当·斯密批判地借鉴了重农学派的思想，创立了古典政治经济学，又称西方国际贸易理论。亚当·斯密的国际贸易理论是国际贸易理论的主流学说，其核心思想主要表现为"自由贸易理论"，这一"自由贸易理论"也被称为"国际贸易纯理论"。

西方国际贸易理论以"自由贸易理论"为主线经历了三个阶段。第一阶段形成了"古典贸易理论",这一阶段的具体时间节点从1776年亚当·斯密提出"绝对成本理论"开始到1817年大卫·李嘉图提出"比较成本理论"结束。在此期间,经济学家们强调了国家间因资源禀赋差异而形成的贸易优势,奠定了国际贸易的基本理论框架。第二阶段形成了"新古典贸易理论",具体时间节点从"比较成本理论"提出到1933年俄林的"生产要素禀赋理论"提出。在这个阶段,理论更加关注于生产要素的分布及其对国际贸易模式的影响,探讨如何通过要素禀赋的不同来解释各国的比较优势。同时,这一理论体系在数学建模和经济分析上取得了显著进展,从而使得国际贸易的分析更加严谨和系统化。第三阶段形成的贸易理论称为"现代贸易理论",是学术界对古典和新古典贸易理论的检验、修补、扩展以及因解释新国际贸易现象而产生的贸易理论。这一阶段的学者们综合考虑了经济规模、市场结构、技术变迁以及政策环境等多种因素,发展出了一系列新的理论模型,如"垄断竞争理论"和"内生增长理论"。此外,现代贸易理论还关注全球化背景下的产业链分工、区域贸易协定及其对全球市场的影响,从而使人们更全面地理解当今国际贸易的复杂性和动态性。

综上所述,西方国际贸易理论的发展历程不仅反映了经济思想的演变,还揭示了国际经济关系的深刻变化,为理解当代国际贸易提供了重要的理论基础。上述国际贸易理论和实证研究的一个核心问题是对贸易模式的分析,两百多年来贸易学家对贸易模式决定力量的理论认识不断深入和完善推动了技术创新与国际贸易的理论研究,尤其认识到了国家间的技术差异在决定贸易模式中的重要地位(Helpman,1999;樊纲等,2006)。从古典贸易理论到新古典贸易理论再到现代贸易理论都支持了技术创新对国际贸易形成和发展的推动作用,国际贸易对技术创新也具有同等重要的影响,两者互为因果,相互促进。下面分别介绍"技术创新对国际贸易的影响"以及"国际贸易对技术创新的影响"的理论演变历史。

一、技术创新影响国际贸易的研究

国际贸易理论演进的历史表明技术创新可以改变一国的比较优势，进而影响国际贸易。以李嘉图为代表的古典经济学家认为由于各国劳动生产率存在差异，不同国家生产的同种商品价格也会不同，这种价格差是各国开展贸易的基础。事实上，古典经济学家已经承认了技术知识的国别差异，还肯定了技术在国际贸易中的重要影响，只是古典经济学家没有明确提出技术的作用，而是强调了"技术的绩效"——劳动生产率的作用（陶旺生，2008）。如果说古典贸易理论从"劳动生产率差异"的角度论证了国际贸易的产生，以赫克歇尔－俄林为代表的新古典要素理论则从要素禀赋差异的视角论证了贸易产生的原因。

现代贸易理论关于技术创新与国际贸易的研究也十分丰富，尤以"要素禀赋理论""技术差距论""市场结构论"和"动态比较优势理论"为代表。"要素禀赋理论"将"技术"引入要素禀赋模型，强调技术创新对国际贸易的影响。该理论将技术要素看作贸易流向的内生决定因素，有一定的进步性，但该理论以静态的眼光将技术要素看作固定禀赋，认为技术一成不变，而忽略了技术的动态特征。里昂惕夫（1947）发现美国出口劳动相对密集的产品，进口的却是资本相对密集的产品，这一结果与赫克歇尔－俄林的要素禀赋理论相悖。这一现象又被称为"里昂惕夫悖论"。可以说，"里昂惕夫悖论"推动了要素禀赋理论的精炼与发展。里昂惕夫的研究激发了大量关于技术、要素与贸易的经验和理论研究，各国存在技术差异也是目前理论和实证研究在运用要素禀赋理论时都会考虑的一个前提假设，这一前提也赋予了要素禀赋理论新的生命力（Trefler，1995；Davis et al.，1997；Helpman，1999）。

"技术差距论"认为技术差距是决定贸易的主要因素，被认为是真正从动态视角看待技术变动对国际贸易影响的理论。该理论认为技术在国别分配上具有非均等性，技术领先国可以出口高技术产品，取得暂时比较优势；不过，随着新技术向国外转移，新技术会被模仿国掌握，技术差距会逐渐缩小，技术差距带来的比较优势也会逐渐消失，贸易最终会减少甚至消失。随后，在"技术差距论"基础上发展起来的产品生命周期理论再次论证了技术差距决定国际贸易的观点，并且使比较利益学说动态化。"技术差距论"关注了技术的动态特性，对基于技术要素的国际贸易理论发展具有重要的启示作用。"市场结构论"主要用于解释产业内贸易，认为"技术"是决定产品差异性的一个重要因素，是一国攫取贸易垄断利润的策略性资源。"动态比较优势理论"认为技术变革是企业获得动态优势的重要形式，其强调技术创新、技术积累、技术扩散以及技术溢出对比较优势的动态影响。

上述基于技术要素的国际贸易理论都认为技术可以改变一国的比较优势，进而影响国际贸易，这一观点在国际贸易理论演进的历史中已经得到理论界的普遍认可。众多的实证研究也支持了上述理论观点，认为技术创新是解释国家贸易模式的最重要因素。技术作为影响比较优势和贸易模式的重要因素，其作用不仅体现在提升生产力和经济增长上，还深刻影响着国际贸易的动态关系和国家间的经济合作。随着技术的不断进步，尤其是人工智能、区块链等前沿技术的应用，国际贸易的格局将进一步发生变化，各国需积极适应这一转型，才能在全球经济中占据有利位置。

二、国际贸易影响技术创新的研究

20 世纪 80 年代末至 90 年代初，国际贸易理论把研究的重点转移到了国际贸易、技术创新与经济增长之间的关系上，不仅研究技术创新对国际贸易的影响，还把技术创新看作投资、国际贸易和经济增长的结果，研究国际贸易、经济增长对技术创新的作用。这些研究的理论渊源又可以分为两类：一类是基于李嘉图模型将技术看作由外生变量发展起来的贸易和增长理论；另一类则将技术看作由内生变量发展起来的贸易和增长理论。

传统的经济增长理论大都强调资本的作用，将创新视为一种外生过程或投资的副产品而忽略了技术进步的作用。基于李嘉图模型发展起来的贸易理论将技术作为外生变量，一方面产生了"规模经济与不完全竞争"的贸易学说，另一方面用来解释发达经济体之间的产业内贸易以及产品内贸易。克鲁格曼（Krugman，1985）将技术作为外生变量，研究了技术变革对贸易模式和进出口国贸易福利的影响。其他学者也将技术作为外生变量得出技术上的细微差别都会引起生产率的不同，从而引起两国之间的贸易，并得出即使企业生产规模报酬改变，只要市场完全竞争，各国技术上的细微差异也会引起产业内贸易（Markusen and Svenson，1985；Davis et al.，1997）。

将技术作为内生变量的贸易和增长理论认为技术创新的来源有两种，一种来自被动的"技术溢出"和"干中学"，一种来自主动的技术创新。换句话说，这些理论均认为国际贸易既可以通过"技术溢出"给各国相互启发的机会，从"干中""看中"进行技术创新，也可以通过国际市场的竞争"倒逼"各国开发新技术，从而带来技术创新（海闻，1995）。格罗斯曼和赫尔普曼（Grossman and Helpman，1991）注意到国际贸易在经济增长过程中的作用，详细探讨了开放经济中国际贸易对技术进步和经济增长的影响，认为国际贸易产生的"技术溢出"可以在发达经济体和不发达经济体之间传播，并将"主动的技术创新"看作是企业内生的前瞻性研发投资行为。

现有国际贸易理论都证明国际贸易是推动技术创新的重要途径，对贸易双方的技术进步都有利。具体而言，对于出口国（一般为发达国家）来说可以通过初始贸易利得获得持续创新的充足资金，还可以通过进口国的市场反馈进行技术改进，从而保持技术创新的"先发优势"。对进口国（一般为发展中国家）来说可以通过贸易中的"干中学"和"技术指导"进行技术积累，加上进口国不断进行的"二次创新"和"适应性创新"，可以促进进口国技术创新能力以及创新机制的动态形成，进而为进口国技术上的跳跃发展提供可能性。鉴于国际贸易对于一国的经济发展具有举重若轻的意义，学者们通过对该课题进行了多方位的研究发现，贸易活动的增加对就业、工资和资源再配置效率等方面都具有重要的影响（Autor et al.，2013；Melitz，2003；Melitz and Redding，2013）。

第二节 产业出口技术复杂度的研究

一、产业出口技术复杂度的内涵及理论基础

(一) 产业出口技术复杂度的内涵

出口技术复杂度的概念源于迈克利 (Michaely, 1984) 提出的贸易专业化指标 (trade specialization indicators, TSI), 后经豪斯曼和罗德里克 (Hausmann and Rodrik, 2003) 的发展吸引了大量学者的关注, 为国际贸易的研究提供了一个全新的分析视角 (Lall et al., 2006)。迈克利 (Michaely, 1984) 指出, 一国产业出口额占世界该产业出口额的比重与该国人均真实 GDP 的加权平均就是该国该产业的出口技术复杂度。豪斯曼和罗德里克 (Hausmann and Rodrik, 2003) 指出, 在开放经济条件下, 技术水平高的国家出口高技术含量产品, 技术水平低的国家出口低技术含量产品, 各国的自我摸索形成了动态的国际贸易格局。此时, 各经济体产业出口技术复杂度用于表示各经济体在自我探索中形成的关于出口产品的范围和结构、出口产品的技术含量以及出口产品所包含的产品价值所组成的一国整体的贸易格局。

随后, 豪斯曼等 (Hausmann et al., 2005) 对这一概念进行了完善, 认为产业出口技术复杂度是集出口产品价值、技术含量和生产效率于一体的综合概念, 一国产业出口产品的复杂度与其出口产品的技术含量成正比。罗德里克 (Rodrik, 2006) 又将一国在国际分工中的地位融入产业出口技术复杂度, 对这一概念进行了进一步拓展, 认为产业出口技术复杂度可以反映一国出口产品中高技术含量、高生产率和高附加值产品的比重, 该比重越高, 该国在国际分工中越具有优势。不过, 国内学者大多沿袭国外学者对产业出口技术复杂度的定义, 主要研究集中在对产业出口技术复杂度的测度上。从国内外学者们对产业出口技术复杂度的定义来看, 产业出口技术复杂度的高低

与一国的技术创新能力密切相关，技术创新水平越高越能生产出高技术含量、高生产率和高附加值的产品（姚洋和张晔，2008；陈晓华和黄先海，2010；郭洁，2024）。

（二）产业出口技术复杂度的理论基础

根据国内外学者对产业出口技术复杂度的研究可知，产业出口技术复杂度具有丰富的理论内涵（Michaely，1984；Hausmann and Rodrik，2003；姚洋和张晔，2008；陈晓华和黄先海，2010；郭洁，2024）。综合来看，产业出口技术复杂度主要源于比较优势理论、要素禀赋理论、产业内贸易理论、异质性企业理论、母市场理论以及相似需求理论等国际贸易理论。

1. 比较优势理论。学者们在最初提出产业出口技术复杂度时就假设一国的产业出口技术复杂度与一国的收入水平相对应，产业出口技术复杂度较高的经济体，其收入水平也较高。这一假设前提也可以通俗地表述为收入水平越高的国家，越有可能出口技术含量高的产品。基于人均GDP的产业出口技术复杂度测度的基本逻辑可以表述为，一个国家生产某一种产品的劳动生产率可以较好地衡量这种产品的技术含量，即生产该产品的生产率较高说明该产品的技术含量较高，并且较高的劳动生产率对应较高的工资水平（Michaely，1984）。李嘉图的比较优势理论指出，参与国际贸易的各国生产何种产品取决于该国生产该产品的相对成本，低工资的国家可以以低成本优势生产低技术含量的产品，高工资的国家可以依靠技术优势生产高技术含量的产品。最终，任何一国所生产的产品的技术含量就与该国的工资水平相关。所以，在劳动生产率决定工资水平，工资水平决定人均GDP的情况下，一国出口产品的技术含量能够表示为出口该产品的各个国家的工资水平按照其出口占世界出口总额的加权平均。

运用比较优势理论可以将出口技术复杂度表述为一国出口具有比较优势的产品而进口不具有比较优势的产品（陈晓华，2012）。由此可以发现，发达经济体在资本、技术方面具有比较优势，而欠发达经济体则在资源、劳动力等方面具有比较优势，这样各经济体依据自身的比较优势就形成了"发达经济体出口技术（资本）密集型产品，欠发达经济体出口劳动（资源）密集型产品"的贸易格局。可见，比较优势理论对现实世界的贸易格局有一定的解释力。

比较优势理论作为产业出口技术复杂度的理论前提的合理性得到了部分学者的响应。雷丁（Redding，1999）基于比较优势理论指出了技术变革、创新速度以及政府政策干预对发展中经济体出口产品技术含量影响的重要性。他认为发展中经济体面临产业之间的权衡，要么发挥目前在低技术产品上的比较优势，并保持这部分产品的比较优势；要么进入目前不具备比较优势，但经过生产力增长可能获得优势的产业，如高技术产业。无论如何，在进行产业选择时政府只要根据当前的比较优势进行干预就可能会改善整个国家的福利。伍德和梅耶尔（Wood and Mayer，2001）根据要素禀赋理论以非洲进行的跨国计量经济分析表明，比较优势仍是决定非洲各国出口技术复杂度的主要因素，而非洲各国自然资源丰富、教育水平低、人力资本低的比较优势决定了其出口产品的技术复杂度较低。祝树金等（2010）采用1992～2006年跨国面板数据分析得出，资本劳动比越高，就越可能生产和出口技术复杂度高的产品。基于比较优势原理，部分学者通过对出口产品的二元边际分解指出，比较优势对出口技术复杂度的影响可以从集约边际和扩展边际两个方面来解释，认为一国的出口技术复杂度深化可以通过出口的二元边际共同实现（Melitz，2003；Hausmann et al.，2005；Lall et al.，2006）。事实上，二元边际理论原本是用于解释一国产品出口扩张原因的，直到企业异质性贸易理论提出之后，学术界才逐渐开始使用二元边际理论解释出口技术复杂度（Debaere and Mostashare，2010）。

2. 要素禀赋理论。要素禀赋理论以土地、劳动、资本、技术等要素分布为客观基础，强调不同国家和地区所具有的不同要素禀赋结构对贸易产生的决定性作用。俄林（Ohlin）在《区域贸易和国际贸易》一书中系统地提出了自己的贸易学说，他在书中阐述的贸易观点标志着要素禀赋论的诞生（1993）。由于俄林（Ohlin）早期师承赫克歇尔（Heckscher），所以俄林的要素禀赋理论也被称为H-O理论。H-O理论认为要素禀赋结构是一国所拥有的资本和劳动两种生产要素的比率（K/L），是一个相对的概念，与其所拥有的生产要素绝对数量无关。豪斯曼和罗德里克（Hausmann and Rodrik，2003）在最初界定出口技术复杂度的内涵时将技术作为一种生产要素并指出，在技术方面具有比较优势的国家出口技术含量高的产品，出口技术复杂度则可以由要素禀赋理论解释。部分学者基于要素禀赋理论指出一国的要素禀赋结构根本性地决定了该国出口产品的技术含量、范围和结构，即一国的出口商品篮子是该国要素禀赋的真实反映，各国生产的具有技术水平差异的产品是该国资源要素禀赋的函数（Schott，2008；张瑛，2012）。

学者们进一步指出要素禀赋结构变迁对出口技术复杂度的提高至关重要。张瑛（2012）指出，一国要素禀赋的变迁会增加其高技术产品的生产能力并推动一国出口技术复杂度的提升。豪斯曼等（Hausmann et al.，2005）指出，当一国的要素禀赋发生跃迁时，新产品的生产就成为可能，新产品的生产会通过扩展边际促进产业出口技术复杂度的提高。豪斯曼等（Hausmann et al.，2007）指出，劳动力规模的提升降低了工人工资、改善了企业创新的探索成本，人力资本结构优化则提高了企业生产产品的种类，"劳动力规模"和"人力资本结构"是提升产业出口技术复杂的主要方面，这也从侧面肯定了要素禀赋结构变迁对出口技术复杂度提升的重要作用。随着创新越发成为推动经济增长的原始动力，人力资本结构优化带来的要素禀赋结构升级日益成为技术升级的重要资源（李成友等，2018）。部分学者指出，各经济体的要素禀赋结构是影响其高技术企业 R&D 投入效率的重要因素（韩慧霞和李静，2020），企业的 R&D 要素禀赋结构越完善，R&D 投入效率就会越高（余泳泽和张先轸，2015；林青宁和毛世平，2017），而 R&D 投入效率的提高也是出口技术复杂度深化的条件之一。

H-O 理论作为现代国际贸易理论的开端，与李嘉图的比较优势理论并列为国际贸易理论的两大基本模式。通过对比比较优势理论和要素禀赋理论可以看出，这两者均从出口国而非进口国的视角出发分析一国产业技术出口复杂度的决定因素，可以说，这两者共同丰富和补充了出口技术复杂度研究的理论基础（张瑛，2012）。

3. 产业内贸易理论。20 世纪 60 年代以前国际贸易大多发生在发达国家之间，贸易的对象都来自不同产业的不同类产品，此后，国际贸易在发达国家与发展中国家之间出现，并且发达国家间的贸易出现了既进口又出口同类产品的新的贸易现象。然而，传统贸易理论无法解释这一新的贸易现象，产业内贸易理论就在这一贸易背景下应运而生。该理论认为即使是同类产品甚至同种产品，来自不同经济体的产品其质量和技术含量也会存在差异，从而导致出口技术复杂度水平的不同。因此，产业内贸易理论可以更好地解释发展水平相似但出口同类（同种）产品国家之间的出口技术复杂度。

徐（Xu，2010）的研究发现，对于出口到美国的同类产品，价格会因为出口国家的不同而不同，原因在于各个国家的产业发展不同导致即使同种产品其技术含量也不同，因此，可以认为相同目录下产品价格的不同是产品内技术复杂度差异的反映。根据出口技术复杂度的内涵，高收入国家生产技术复杂度较高的贸易产品，低收入国家生产技术复杂度较低的贸易产品。据此可以得出一个富裕国家的确会由于其技术先进而出口技术复杂度较高的贸易产品，一个贫穷国家也会由于跨国公司的原因而出口技术复杂度较高的贸易产品，然而这并不能代表贫穷国家的比较优势就比较高。此时，若依然用传统贸易理论则无法解释出口技术复杂度，而产业内贸易理论则可以很好地对此加以解释（Xu，2007；王菁，2016）。

4. 异质性企业理论。以梅利茨（Melitz，2003）为代表的异质性企业理论与传统贸易理论以及产业内贸易理论不同，该理论跳出了"产业"的宏观视角转而从"企业"的微观视角研究贸易，这一视角为贸易增长理论提供了微观基础，也填补了产业出口技术复杂度的理论基础。所谓"企业异质性"是指同一产业内各企业生产率差异所决定的企业出口决策行为。20 世纪 90 年代诞生的新新贸易理论就是以企业异质性作为解释国际贸易发生的原因发展起来的理论。该理论认为通过对一国出口二元边际的分解，可以更好地把握一国的出口结构，了解出口增长的来源、扩张方式和发展前景，还可以为一国出口贸易发展提供政策参考，如在外部冲击下如何维持一国出口绩效（盛斌和吕越，2014）。可以说，以企业异质性为研究对象的新新贸易理论是出口二元边际分解的理论基础。

异质性企业理论观点启示学者从出口集约边际和扩展边际（二元边际）深化的视角解读一国的出口增长及出口技术复杂度深化（陈晓华，2012）。二元边际理论认为一国出口量的扩大由出口的集约边际和扩展边际共同驱动，并且企业生产率的提升可以使已经出口的企业出口更多高质量产品（边际深化），使原本不能出口的企业有能力出口新产品、开拓新市场（边际广化）。产业出口技术复杂度作为集一国出口产品数量、种类以及质量为一体的概念，企业出口二元边际的变动可以很好地解释一国产业出口技术复杂度的变迁。因此，以企业异质性理论为基础的二元边际的结构性分解为出口技术复杂度演化轨迹的研究提供了充分的理论基础。

除此以外，学者们还从母市场理论及相似需求理论等贸易理论对产业出口技术复杂度进行了系统解释。其中，母市场理论、比较优势理论以及要素禀赋理论均从出口国而非进口国的视角对出口技术复杂度进行解释；相似需求理论则是从进口国的视角对出口技术复杂度进行解释。这些理论从不同视角为产业出口技术复杂度的进一步发展奠定了理论基础。限于篇幅，这里不再一一具体介绍。

二、产业出口技术复杂度的测度研究

在出口技术复杂度的概念提出之初，出口技术复杂度的测度就是该领域研究的重点。迈克利（Michaely，1984）测度贸易专业化指标的重要假设前提"低收入国家生产低技术复杂度的产品，高收入国家生产高技术复杂度的产品"是后来学者构建及修正出口技术复杂度的理论基础。学者们根据不同的研究需要，对迈克利（Michaely，1984）的方法进行了改进，从指标构造方式上可将产业出口复杂度分为收入指标法和出口相似指标法。其中，收入指标法以拉尔等（Lall et al.，2006）和豪斯曼等（Hausmann et al.，2005）的测度方法为代表，出口相似指标法则以肖特（Schott，2008）的测度方法为代表。下面一一具体介绍。

（一）拉尔等（Lall et al.）对出口技术复杂度的测度

拉尔等（2006）指出经济发达国家（收入水平高的国家）生产的产品其出口技术复杂度高于经济欠发达国家（收入水平低的国家）生产的产品，并据此提出了测度产业出口技术复杂度的方法。拉尔等（2006）首先将样本按照经济发展水平由高到低分为 10 组，用各组的组内人均 GDP 均值作为组别人均 GDP，再用该组出口额占总样本的比例乘以该组人均 GDP，进而求出该组的出口技术复杂度，再将各组的值加总便得到产业出口技术复杂度。其实际计算公式可以表述为：

$$TSI_i = \sum \frac{x_n}{X} \cdot SS_n \tag{2.1}$$

其中，TSI_i 表示产业 i 的出口技术复杂度，SS_n 表示第 n 组人均 GDP 的均值，x_n/X 表示第 n 组产业 i 的出口额占世界总出口额的比重。拉尔等（2006）为了更好地比较各产业的出口技术复杂度，对各产业出口技术复杂度的测度值进行了标准化处理，标准化处理的方法如下：

$$SI_i = \frac{TSI_i - TSI_i^{min}}{TSI_i^{max} - TSI_i^{min}} \cdot 100 \tag{2.2}$$

其中，SI_i 表示产业 i 标准化后的出口技术复杂度，TSI_i^{min} 和 TSI_i^{max} 分别表示产业 i 中最低和最高的出口技术复杂度。事实上，拉尔等（2006）的测度方法有以下局限性：第一，计算出口技术复杂度使用的权重为该组产品出口占世界出口总额的比重，若该组产品的出口国所占的比重较小，但是却是这些国家具有比较优势的产品，就会忽视这些国家的作用；第二，使用组内人均 GDP 作为该组收入属性的衡量指标，会忽略组内成员之间的收入差距，从而使测得的出口技术复杂度出现偏颇；第三，标准化处理产业出口技术处复杂只是突出了测量结果的排序，却淡化了产业出口复杂度的内涵，这样处理得不偿失（陈晓华，2012）。

鉴于这些缺陷，杜修立和王维国（2007）对出口技术复杂度进行了部分修正，修正后不再使用各国间的人均 GDP，而是具体到各国，这样使得测量结果更加准确。不过，由于拉尔等（2006）还存在其他缺陷，他们的测度方法在后续的研究中远不如豪斯曼等（Hausmann et al.，2005）的测度方法运用得广泛。

（二）豪斯曼等（Hausmann et al.）对出口技术复杂度的测度

豪斯曼等（2005）在"成本发现模型"的基础上建立了一个包含传统部门和现代部门的两部门一般均衡模型，并结合"比较优势理论"构建了产品、产业以及国家层面的出口技术复杂度。产品层面的出口技术复杂度具体测度公式如下：

$$\text{PRODY}_i = \sum_{c=1}^{n} \frac{\dfrac{x_{ci}}{X_c}}{\sum_{c=1}^{n} \dfrac{x_{ci}}{X_c}} \cdot Y_c \qquad (2.3)$$

其中，PRODY_i 表示产品 i 的出口技术复杂度，x 表示出口额，c 表示国家，共有 c = 1，2，3，…，n 个国家，Y_c 表示出口 i 产品的 c 国的人均 GDP，Y_c 前的式子为权重，权重的分子表示 c 国出口的 i 产品总额占 c 国全部产品出口额的比重，权重的分母表示各国出口的 i 产品占该国出口总额的比重之和，整个权重就是人们熟悉的"出口显性比较优势指数（RCA）"。具体而言，豪斯曼等（2005）在贸易专业化指标基础上将"绝对比重"改为"相对比重"，得出了某类产品的出口技术复杂度为该出口产品的各国人均 GDP 的加权平均，权重为该国出口产品的 RCA 占所有国家该产品 RCA 之和的比重。在得到产品 i 的出口技术复杂度之后，豪斯曼等（2005）通过式（2.4）进行加总得到了产业层面的出口技术复杂度为：

$$\text{PRODY}_z = \sum_{i=1}^{m} \frac{x_{ci}}{\sum_{i=1}^{m} x_{zi}} \cdot \text{PRODY} \qquad (2.4)$$

其中，PRODY_z 表示 c 国 z 产业的出口技术复杂度，该产业共有 i = 1，2，3，…，

n 种产品种类，产品 i 的出口技术复杂度 $PRODY_i$ 的权重为 c 国产品 i 的出口额 x_{ci} 占产业 z 中所有出口产品总额的比重。在得到产业 z 的出口技术复杂度之后，豪斯曼等（2005）进一步通过式（2.5）进行加总得到了国家层面的出口技术复杂度[33]：

$$PRODY_c = \sum_{z=1}^{q} \frac{x_{cz}}{\sum_{z=1}^{q} x_{cz}} \cdot PRODYI_z \qquad (2.5)$$

其中，$PRODY_c$ 代表 c 国整体的出口技术复杂度，该国共有 z = 1，2，3，…，n 类产业，产业出口技术复杂度 $PRODY_z$ 的权重为 c 国产业 z 的出口额 x_{cz} 在 c 国所有出口总额中的比重。由式（2.5）计算得到的国家层面的出口技术复杂度即为人们熟悉的 EXPY 模型。与拉尔等（2006）相比，豪斯曼等（2005）测度方法的优越性在于使用了显性比较优势作为权重，避免了在某些产品上具有比较优势而出口较小的小国被忽视的情况。也正因为如此，豪斯曼等（2005）的测度方法在后来的研究中运用得更为广泛。

（三）对豪斯曼等测度方法的修正

豪斯曼等（2005）的 EXPY 模型因为有诸多优势而被学术界广泛运用，但在研究像中国这样的国家时得到的出口技术复杂度却与实际不符。豪斯曼等（2007）研究发现，中国的出口技术复杂度已经超过了人均收入 2 倍于中国的一些拉美国家。罗德里克（Rodrik，2006）也发现中国 1999～2001 年的出口技术复杂度与人均 GDP 严重偏离，而与人均 GDP 3 倍于自己的国家相似。很多学者从豪斯曼等（2005）对出口技术复杂度的测度方法着手对中国出口技术复杂度的"虚高之谜"进行了探索，并从不同角度对豪斯曼等（2005）的测度方法进行了改进。归纳起来，主要沿着两条路径展开：一是对产品出口技术复杂度进行修正，如进行产品质量、生产分布以及技术周期等方面的调整（Xu，2007，2010；杜修立和王维国，2007；祝树金等，2023）；二是考虑国际分工，利用投入—产出表测算出国内净技术含量、国内完全技术含量指数以及净技术复杂度指数（姚洋和张晔，2008；齐俊妍和王岚，2015；丁小义和胡双丹，2013）。下面分别选取每条路径的一个代表文献进行介绍。

徐（2007，2010）在豪斯曼等（2005）的基础上对产品出口技术复杂度的产品质量进行了调整。即使在 HS10 位码细分产品分类下，不同国家出口的同一类产品质量也会存在很大差异，豪斯曼等（2005）给出的指标虽然充分考虑了小国在世界出口中的地位，却没有捕捉产品的质量维度，从而高估出口低质量产品国家的出口技术复杂度（Xu，2007；Schott，2004）。鉴于此，徐（2007，2010）在豪斯曼等（2005）的基础上对产品出口技术复杂度进行了质量调整，调整后的产品出口技术复杂度定义如下：

$$\text{PRODY}_i^Q = (Q_{ci})^\theta \cdot \text{PRODY}_i = \left[\frac{p_{ci}}{\sum_{c=1}^{n} (\mu_{ci} p_{ci})} \right]^\theta \cdot \text{PRODY}_i \quad (2.6)$$

其中，Q_{ci} 表示采用单位价值衡量的 c 国 i 产品的质量水平，衡量了 c 国 i 产品的相对出口价格，Q_{ci} 越大说明该国该产品的质量越高。p_{ci} 表示 c 国 i 产品的出口价格，μ_{ci} 表示 c 国 i 产品的出口占世界 i 产品总出口的比值，反映了 c 国 i 产品在世界上的市场地位。θ 为产品的质量调整参数，当 $\theta = 0$ 时，说明产品的质量无须调整。依据徐（2007，2010）的研究，θ 一般取 0.2。与豪斯曼等（2005）的思路相同，在计算出质量调整后的产品出口技术复杂度之后可以进一步计算一国产业和国家层面的出口技术复杂度。

20 世纪 90 年代初期以来我国积极参与国际产品内分工，出口加工贸易迅猛增长，大量使用国外中间投入品的技术发展战略使得我国长期处于技术含量较低的贸易地位。姚洋和张晔（2008）为了系统验证这一观点提出了"产品国内技术含量"，并测算了全国及部分省份的"剔除加工贸易的出口品技术含量"。下面选取姚洋和张晔（2008）测度的"剔除加工贸易的出口品技术含量"作为第二条路径进行介绍。

姚洋和张晔（2008）首先按照豪斯曼等（2005）测算出了含有"统计假象"的产品层面的出口技术复杂度。为了使得产品和投入—产出表的部门口径一致，姚洋和张晔（2008）按照产品占部门出口的比重进行加权得到了部门层面的可贸易产品的出口技术复杂度，并将 SITC 和 HS 国际贸易商品分类体系排除在外的不可贸易部门的出口技术复杂度定义为它所服务的可贸易部门出口技术复杂度的加权平均。进行上述处理后，姚洋和张晔（2008）开始测算剔除"统计假象"的产品的国内技术含量。具体以 i 表示中间投入品，j 表示最终品，最终品 j 的复合技术含量被定义为：

$$v_j = \sum_i \alpha_{ij} TSI_i + \left(1 - \sum_i \alpha_{ij}\right) TSI_j \qquad (2.7)$$

其中，α_{ij} 表示投入—产出表中给出的"直接消耗系数"，即生产价值为 j 的最终品中间品的投入价值为 i。式（2.7）右侧第一项为投入的中间品的技术复杂度，第二项为这种产品本身的技术复杂度（生产该产品的最终工序的技术含量）。接着，姚洋和张晔（2008）将最终产品 j 的国内技术含量定义为：

$$v_j^D = \sum_i \alpha_{ij}(1 - \beta_{ij}) TSI_i + \left(1 - \sum_i \alpha_{ij}\right) TSI_j \qquad (2.8)$$

其中，β_{ij} 表示生产最终品 j 时对中间品 i 的使用率。此时，姚洋和张晔（2008）将产品 j 的国内技术含量指数（domestic technical content index，DTC）定义为：

$$DTC_j = \frac{v_j^D}{V_J} \qquad (2.9)$$

姚洋和张晔（2008）指出，除了少数进口量非常大的中间品外，大部分产品的 DTC_j 介于 0～1。这样就得到了部门层面最终产品 j 的复合技术含量 V_J、最终产品 j 的国内技术含量 v_j^D 以及产品 j 的国内技术含量指数 DTC_j。姚洋和张晔（2008）又使用第 j 个部门的出口份额占总出口的比重进行加权得到了国家层面的所有技术含量 v、国内技术含量 v^D 以及国内技术含量指数 DTC。

姚洋和张晔（2008）利用对测算出 DTC 进行分析发现全国和江苏省的国内技术含量下降很快，但是广东省的国内技术含量呈现"V"型变化，并指出这是处于出口加工早期的发展中国家必经的阶段，只要能解决阻碍 DTC

跨越拐点的障碍，处于出口加工中后期的发展中国家其国内技术含量就会出现上升趋势。不过，由于姚洋和张晔（2008）的一些关键数据都是来自我国国家及地方层面的统计局的投入—产出表，而这些数据五年才更新一次，数据不具有连续性。有学者尝试使用世界投入产出数据库（WIDO）发布的数据剔除加工贸易计算出口技术复杂度的测度（郑玉和郑江淮，2020；李洲和马野青，2020），但 WIDO 数据库也只公布了部分国家部分年份的数据。可见，基于投入—产出表测算的"剔除加工贸易的出口品技术含量"虽然比较适合像中国这样的发展中国家，但数据获取始终是个难题，尤其无法充分利用越来越细分的贸易分类趋势，因此，该方法还存在很大的改进空间。

（四）肖特（Schott）的出口相似指数

上述拉尔等（2006）和豪斯曼等（2005）关于出口技术复杂度的测算方法，以及在此基础上完善的测算方法都是基于人均 GDP 的收入指标进行测度的，并且主要计算的是一国（地区）整体层面的出口技术复杂度。然而各国内部区域人均 GDP 的差异会使计算结果出现偏差，而且这两种方法无法刻画出口国对贸易伙伴的出口技术复杂度。鉴于此，肖特（2008）提出了不包含人均 GDP 的刻画两国经济趋同和差异程度的出口相似指数，不过，肖特（2008）承认高收入国家往往出口高技术产品的事实。肖特（2008）指出该测度方法的关键是找出一个合适的参照国，通过测算贸易伙伴国对参照国的出口产品相似程度来表征贸易伙伴国的经济发展程度。如果两国的技术情况、人力资本等要素禀赋较为相似，那么，两国的专业化分工模式和出口产品结构也会十分相近。因此，一般情况下，样本国与参照国具有较高的出口相似度时，都会选取某一技术先进的发达国家作为参照国。肖特（2008）选定参考国（OECD 国家）之后，给出任意两个贸易伙伴国 a 和 b 的出口相似指数：

$$\text{ESI}_{\text{tab}} = \left[\sum_j \min\left(\frac{v_{\text{tja}}}{V_{\text{ta}}}, \frac{v_{\text{tjb}}}{V_{\text{tb}}} \right) \right] \cdot 100$$

$$= \left[\sum_j \min(s_{\text{tja}}, s_{\text{tjb}}) \right] \cdot 100 \qquad (2.10)$$

其中，ESI_{tab}表示 t 期两个国家 a 和 b 特定产业（产品 j 所在的产业）的出口相似度。分子 v_{tja} 和 v_{tjb} 分别为 t 期两国的产品 j 的出口额，分母 V_{ta} 和 V_{tb} 分别为 t 期两国特定产业的总出口额，s_{tja} 和 s_{tjb} 为 t 期两国产品 j 的出口额在该产业中的总出口额，且取比值较小的为统计量，将该产业所有出口产品的出口比值的统计量进行加总，即得到两个国家的出口相似指数，并且有 $0 \leqslant ESI_{tab} \leqslant 1$，$ESI_{tab} = 0$ 时代表 t 期两国对同一国家（参照国）的出口商品完全不同，$ESI_{tab} = 1$ 时代表 t 期两国对同一国家（参照国）的出口商品完全不同。

此外，王和魏（Wang and Wei，2007）构建了中国不同区域与发达经济体的出口非相似指数。肖特（2008）证明了出口非相似指数与出口相似指数犹如一个硬币的两面，除了数值相反之外存在一一对应的关系。肖特（2008）通过对测度的出口相似指数分析发现中国出口产品的技术结构与 OECD 国家之间的相似度逐年增加，却与发展中国家存在较大的偏离。唐宜红和王明荣（2010）基于 HS6 位码从产品层面计算了 1997～2008 年中国与 24 个发达经济体的出口相似度，发现中国与发达经济体的出口相似度在 40% 以内，说明我国出口产品的质量处于不断优化中。

三、产业出口技术复杂度的影响因素研究

在对出口技术复杂度进行界定与测度以后，该领域慢慢转向了出口技术复杂度影响因素的研究。学者们通过对比分析不同发展程度经济体的出口技术复杂度发现影响其出口技术复杂度的因素是有区别的（Rodrik，2006；Amiti and Konings，2007）。研究发现，不发达经济体出口技术复杂度的提高主要受到 FDI 技术溢出、关税下降与贸易自由化等因素的制约，其中，最重要的制约因素是技术水平较低（Willem and Pai，2015；Katharina and Stephan，2016；Xuan，2016）。发达经济体较高的出口技术复杂度主要源于较高的经济增长、收入水平、技术水平、人力资本质量、自主创新水平、研发投入增长（Caselli and Coleman，2001；Lall et al.，2006；陈晓华，2012；Ermias，

2014；Zhang and Yang，2016），过高的出口价格以及较高的贸易成本在一定程度上阻碍了发达经济体产品出口技术复杂度的深化（Juan and Peter，2008；陈晓华，2012；Willem and Pai，2015）。而参与全球价值链、制度质量提高、技术创新能力提高都会促进两类经济体的出口技术复杂度（刘琳，2015；陈俊聪，2015；刘洪铎，2016）。也有学者指出，要素禀赋对一国出口技术复杂度的影响存在制度门限效应，当一国要素禀赋趋于高端化时，应采用较自由的政策提升出口技术复杂度；而当一国要素禀赋处于低端状态时，适当的政府管制可能会有利于出口技术复杂度的提高（刘德学和喻叶，2019）。

同时，大量国内外学者针对中国产业出口技术复杂度的"虚高"问题进行了研究。罗德里克（2006）首先发现中国的出口技术复杂度显著高于相近收入水平的国家。后来的学者们将罗德里克（2006）发现的这种针对中国出口复杂度异常性的现象称为"罗德里克悖论"，学者们从不同视角进行分析发现，中国繁荣的加工贸易（Ferrantino and Wang，2007；Amiti and Freund，2008）、中国出口贸易的区域异质性（Xu，2010；Schott，2004；Poncet，2012）、忽略中国出口产品的质量（Rodrik，2006；Schott，2004）等都是中国出口技术复杂度异常的原因。

可以看出，上述文献对中国产业出口技术复杂度异常性问题的解释大多强调外部力量（如加工贸易）以及测度方法（忽略地区差异及产品质量）的作用，而对中国出口技术复杂度内生决定因素的深入分析还不充分，学者们针对这一空白进行努力，从更深层次上探讨了促进中国出口技术复杂度提高的因素。现有研究表明，提高人力资本水平（Wang and Wei，2007；张海波和李东，2015；张凤等，2018）、加强知识产权保护（李俊青和苗二森，2018）、加强自主创新水平（陈晓华和黄先海，2010；席艳乐等，2019）、增加研发投入（刘琳和盛斌，2017）、促进金融发展（齐俊妍等，2011）、提高贸易开放水平（张凤等，2018）以及完善制度环境（刘琳和盛斌，2017；席艳乐等，2019）都会促进中国出口技术复杂度的提升。

第三节　TPU 与高技术产业出口
技术复杂度的研究

一、TPU 的相关研究

（一）关于 TPU 的内涵

贸易政策可以指一国总的贸易政策，也可以指某一具体的政策工具，也可以指 WTO 框架下的国际管理体系。主流经济学认为贸易政策和其他政策一样，其内涵应该包括贸易政策主体、客体、目标与工具四个方面。其中，贸易政策主体一般指各国的政府，贸易政策客体则是各国政府干预的领域。随着国际贸易的不断深化，贸易政策的客体已由货物贸易扩展到服务贸易以及与贸易相关的投资、劳工标准、环境标准、政府采购、知识产权等领域。贸易政策目标不仅包括贸易利益最大化，还包括一国的产业政策，如产业结构升级、产业结构高级化等，国际上几乎所有国家的贸易政策都包含了本国的产业政策。贸易政策工具是各国政府为了实现既定的贸易政策目标而采取的对外贸易管理措施，如为了实现贸易保护、提高关税、减少配额、实行进口限制、增加反倾销税等，或者为了推动自由贸易、提供进出口信贷、保险和信息服务等。

新制度经济学从制度学的新视角看待贸易政策，认为贸易政策是政府各种经济法规、贸易组织制度、贸易监督制度以及对参与贸易活动的个人、企业和机构贸易行为规制的总和，是制度演进的产物，其形成伴随着贸易制度的创新和变迁，其变动受到一国内在制度和外在因素的影响（李文锋，2001）。新制度经济学认为贸易政策的制度变迁对贸易中的技术变迁十分重要，并将贸易政策中的这种变迁路径表述为：为了实现贸易扩大的政策目标，政府会改变贸易政策，进而带动规模经济、正外部性、学习效应以及产业结构调整和优化，从而实现技术创新和发展。

学术界对 TPU 的研究起源于对"不确定性"的研究。1921 年，奈特（Knight）在《风险、不确定性和利润》一书中提出"不确定性"的概念，指出企业对于未来经营的收益损失不能获得经验概率，企业将那些无法确定类型的"风险"称为"不确定性"，"不确定性"是企业利润的主要来源。19 世纪末，学术界开始关注企业投资与外部不确定的研究。伯南克（Bernanke，1983）基于"企业投资不可逆"的关键假设探讨了外部不确定影响下企业投资的随机优化问题。随后，迪克西特（Dixit，1989）构建了一个可以广泛应用于国际贸易投资决策的关于不确定性的企业最优投资模型，对不确定性问题进行了更深入的研究。布卢姆（Bloom，2007）发现股票市场的波动性带来的不确定性会使企业推迟投资，这验证了伯南克（1983）和迪克西特（1989）的研究结果。

随后，对"不确定性"的研究引起了一些学者的重视与跟进并逐步成为一个热门的研究问题，其中，一些学者开始了对经济政策不确定性（economic policy uncertainty，EPU）的研究。EPU 指政府是否、何时以及如何改变现行经济政策，经济主体无法确切预知的情况（Gulen and lon，2012；Jurado et al.，2015）。由于企业出口也是一种投资活动，企业的新产品出口以及新出口企业投资都具有不可逆性，所以就出现了大量关于经济政策不确定性影响企业贸易的研究。利茂和马吉（Limão and Maggi，2015）认为 TPU 与 EPU 一样，都会延迟企业投资，从而影响贸易活动。事实上，贸易政策作为经济政策的一种，更适合对贸易的研究。可以说，对 TPU 的研究，也起源于对 EPU 的一般研究（余智，2019）。2014 年汉德利首次提出 TPU 的概念，指出 TPU 是指一国贸易政策发生变化的可能性。基于上述主流经济学对贸易政策的定义，具体到贸易实践中人们发现，由于一国贸易主体动机的不确定性、贸易客体的不断变化、各种产业目标的多重化以及不断翻新的贸易政策工具，TPU 的产生也就成为必然。

（二）关于 TPU 的测度

自 2014 年汉德利首次提出 TPU 以来便引领了不确定性研究的新方向，

吸引了大量国内外学者的关注，从而开启了贸易政策研究的新章程。可以说，TPU 作为贸易政策研究领域的前沿课题已经形成系统的理论体系，而如何对 TPU 这个抽象概念进行度量，依然是所有理论和实证研究的起点和重点（Rodrik，1991；龚联梅和钱学锋，2018；余智，2019）。近年来，随着越来越多的学者对 TPU 的关注，对 TPU 的度量进展显著。目前，应用较为广泛的度量方法有三种：第一种是涵盖政治经济冲击、使用文本提取法计算的基于新闻的 TPU 指数（Baker et al.，2016）；第二种是使用差分法计算的基于关税的 TPU 指数（Groppo and Piermartini，2014；Handley and Limão，2013）；第三种是基于"关税回音理论"的非关税壁垒识别法（Meredith et al.，2018）。

贝克等（2016）基于新闻的 TPU 指数以各国的报纸和新闻网站为采集对象，通过搜索"贸易""政策""不确定"三个关键词，选取出不同时间阶段的新闻报道篇数。TPU 具体构建方法为：设 X_t 为 t 时期某国关于贸易政策不确定性的文章出现的频数，T_1、T_2 为标准化的时间间隔和规范化的时间间隔，然后运用 z – score 规范化对频数进行处理。通过时间序列方差 σ^2 剔除 X_t 在 T_1 时间间隔内的异常波动，得到间隔为 T_1 的标准化的某国的贸易政策不确定性频数 $Y_t = \dfrac{X_t}{\sigma^2}$ 以及 Y_t 在 t 时期内的平均值 $W_t = \overline{Y_t}$。同理得出时间间隔 T_2 内的平均值 $N = \overline{W_t}$。最后根据公式 $TPU_A = W_t \times \dfrac{100}{N}$ 得出以新闻报道为基础的 TPU。

贝克等（2016）基于新闻的 TPU 指数可以在相关网站上直接获取，遗憾的是，该网站仅提供了美国、日本以及中国三个国家的 TPU 数据。如果按照该网站提供的文本提取法计算其他国家的 TPU，需要多重复查检索且工作量较大。该度量方法在选取报纸、新闻网站以及关键词时还带有强烈的主观色彩，加上新闻报道一稿多发的状况，使得该度量结果准确度存疑（余智，2019）。因此，基于新闻的 TPU 指数在实证研究中有一定的局限性。不过，学者们还是基于贝克等（2016）的文本提取法构建了不同国家的不确定性指数。例如，阿巴利特等（2017）探索了日本经济、财政、汇率、货币和贸易方面的不确定性指标。黄和卢克（Huang and Luk，2018）基于我国十份报纸的信息构建了我国政策不确定性指数，这一指数覆盖中国 2000～2018 年的变化情况，研究者开发了包括中国 TPU 在内的货币政策、财政政策、汇率和资本账户政策不确定指数。戴维斯等（Davis et al.，2019）基于我国两家报纸（《人民日报》和《光明日报》）对 1949 年以来中国的经济政策不确定性进行了量化，并测度了中国的 TPU 指数。

而基于关税的 TPU 度量方法仅需要各国的关税数据，这些数据极易获得且易于操作，在实证研究中更具普适性，因此，在近期的理论和实证研究中该方法的应用也最为普遍。这些文献均假设 TPU 的唯一潜在来源是关税的波动，基于关税的 TPU 也被视为诠释 TPU 的最合适指标。基于关税法度量的 TPU 又分为两类：一类是以理论和实证研究为基础的差分法推导出的 TPU（Handley and Limão，2013）；另一类是以理论模型推导出的 TPU（Groppo and Piermartin，2014）。结合两类关税度量法可以发现，这两者对 TPU 的定义都可以表述为"当前应用关税逆转为关税上限的可能性"。汉德利和利茂（Handley and Limão，2013）基于不同的研究背景得到的 TPU 度量方式可以归纳为：

$$TPU = 1 - \left(\frac{1 + \tau_{关税上限}}{1 + \tau_{当前应用关税}} \right)^{-\sigma} \qquad (2.11)$$

其中，进口替代弹性 σ 的取值区间为［2，3］，在研究异质性企业方面一般取 2。以格罗波和皮尔马尔丁（Groppo and Piermartin，2014）为代表的 TPU 的度量可以简化为：

$$TPU = \begin{cases} \tau_{关税上限} - \tau_{当前应用关税}, & \text{WTO 成员方} \\ \max(\tau_{关税上限} - \tau_{当前应用关税}), & \text{双边或多边贸易协定成员方} \end{cases} \qquad (2.12)$$

通过对基于关税的 TPU 的文献进行梳理发现，各种度量方法不过是学者基于具体地研究背景对关税上限和实际应用关税差额进行的形式各样的技术调整（余淼杰和祝辉煌，2019；余智，2019）。

梅雷迪思等（Meredith et al.，2018）认为，非关税壁垒的实施也会影响企业对 TPU 的预期，进而影响企业的进入与退出。基于"关税回音"理论，他们认为，在一个国家上调关税后，另一个国家可能也会对同一产品提高关税，即出现所谓的"关税呼应"现象。他们使用中国出口企业在上一期、任一出口市场是否遭受反倾销作为虚拟变量来衡量 TPU（若遭受反倾销取 1，否则取 0）发现，在 2001～2009 年，中国企业由于遭受 TPU，其进入外国市场的成本每年提高了 2%。

（三）TPU 的影响研究

现有文献除了讨论如何有效度量 TPU 还深入探讨了 TPU 对贸易、其他经济变量带来的影响，并在理论分析的基础上进行了大量实证研究。

贸易伙伴 TPU 对贸易的影响机制可以表述为：当贸易伙伴 TPU 提高时，贸易政策不利于企业的概率提高，此时企业的预期收益会降低，而企业进入出口市场的沉没成本不变，这样只有生产率高于某一临界值的部分高生产率企业才能进入出口市场，而已经进入出口市场的部分低生产率的企业则会退出出口市场；如果 TPU 降低，结果则相反。这样企业就依据 TPU 的变化作出进入以及退出出口市场的决策，企业的决策最终通过出口二元边际影响企业出口（Handley，2014；Handley and Limao，2015；Handley et al.，2018；余智，2019）。部分学者从实证研究方面证实了这一理论机制。梳理与 TPU 相关的实证研究文献，按照其研究对象，可将其归结为两大类，一是 TPU 如何影响贸易自身的研究，二是 TPU 如何影响其他经济变量的研究。

关于 TPU 如何影响贸易自身的研究，包括贸易量、贸易产品创新、贸易质量与价格以及出口的国内附加值等方面。关于 TPU 对贸易量的影响，一类文献直接研究 TPU 对贸易量的影响（Handley，2014；韩慧霞和金泽虎，2019），另一类文献则是基于某种背景如贸易协定的签订等研究 TPU 对贸易量的影响，并一致得出在贸易协定签订之前 TPU 就会下降（Groppo and Piermartin 2014；Osnago，2015；Lakatos and Nilsson，2016；Handley et al.，2018）。这两类文献均得出 TPU 的下降会促进一国出口，分歧在于是通过集约边际还是扩展边际促进的（Handley and Limão，2013；Greenland et al.，2014；Osnago et al.，2015；Handley and Limão，2015；Schott et al.，2017）。通过文献梳理发现，产生分歧的原因主要是研究对象以及使用的样本不同（钱学锋和龚联梅，2017）。例如以中国为研究对象的文献均认为 TPU 的下降的中国出口的促进作用均通过集约边际实现的（Feng et al.，2017；钱学锋和龚联梅，2017）。

关于 TPU 对贸易产品创新、质量与价格的影响的文献得出的主流结论可以总结为：TPU 的下降促进了出口企业技术创新和技术升级，显著提高了出口企业的技术水平，在降低企业成本的同时，提高了产品质量、降低了产品价格（佟家栋和李胜旗，2015；徐卫章和李胜旗，2016；Handley et al.，2018；Feng et al.，2017；周定根等，2019）。但也有学者得出了相反的结论。如李敬子和刘月（2019）采用中国工业企业数据以及黄和卢克（Huang and Luk，2018）编制的中国的 TPU 实证分析中国的 TPU 对中国企业研发投入的影响发现，TPU 上升正向激励企业研发投入。苏理梅等（2016）以我国加入 WTO 前后美国对我国关税调整为准自然实验得出随着 TPU 的下降我国出口产品的平均质量下降的结论。此外，还有学者从中间品进口（Shepotylo and Stuckatz，2017；毛其淋，2020）、出口附加值（张平南等，2018）等贸易角度研究了 TPU 带来的影响，进一步丰富了该领域的研究。

关于 TPU 如何影响其他经济变量的研究，包括 TPU 对经济增长（Carballo et al.，2018）、生产率（Handley，2014；Handley et al.，2018）、就业（Pierce and Schott，2016）、社会福利（Schott et al.，2017；Steinberg，2019）、FDI（Shepotylo and Stuckatz，2017）、OFDI（孙林和周科选，2020）等宏微观经济变量的影响。

二、TPU 与高技术产业出口技术复杂度的相关研究

通过文献梳理发现，关于产业出口技术复杂度的研究已经相当丰富，但针对高技术产业出口技术复杂度的研究并不多，而针对 TPU 与高技术产业

出口技术复杂度之间的研究就更少了。鉴于此，本书首先单独梳理关于高技术产业出口技术复杂度的文献，并重点关注关于贸易政策影响相关的文献，在以往研究的基础上找出可以努力的方向。

（一）关于高技术产业出口技术复杂度的研究

现有文献对高技术产业出口复杂度的测度大多沿用对一般产业出口技术复杂的测度方法，这里不再赘述。而关于高技术产业出口复杂度的影响因素的文献事实上可以归纳为两大类：第一类是关于内部因素对高技术产业出口复杂度的影响；第二类是关于外部因素对高技术产业出口复杂度的影响。

第一类关于内部因素对高技术产业出口复杂度影响的文献研究了研发投入、技术创新、人力资本、要素禀赋等因素的影响。黄先海与杨高举（2010）对各国高技术产业在国际贸易和分工中的相对地位进行比较分析以后指出，整体来看，1995 年以来中国高技术产业国际分工地位快速提高，但与美国、英国、意大利、德国等主要发达国家相比仍有较大差距。他们在文中未就一国高技术产业国际分工地位的影响因素进行分析，不过从该文的整体分析中可以发现，作者承认人力资本 、技术创新及扩散、政府政策等因素对高技术产业的积极影响。汤碧（2012）利用 100 多个国家的贸易数据测算了我国 2001～2010 年共 11 年的高科技产业的产品出口复杂度发现，我国高技术产业出口复杂度整体上不断上升，但是依然处在高技术产业价值链的低端。作者进一步提出了优化高技术产品贸易主体结构、鼓励企业研发、加大人才投资等提升高技术产业出口技术水平的政策建议。戴魁早（2018）通过探究技术市场发展对中国高技术产业出口技术复杂度的影响发现，技术市场发展通过增加研发投入、推动技术转化等机制提升了中国高技术产品出口技术复杂度。陆菁和陈飞（2015）指出，金融支撑和技术创新是产业发展最重要的因素，随着这两者的相互结合和相互促进，我国高技术产业的出口复杂度不断提升。李玉山等（2019）指出，金融支持和技术创新显著提升了我国高技术产业的出口复杂度，技术创新对我国高技术产业出口复杂度的整体提升效应因金融支持而加强。

第二类是关于外部因素对高技术产业出口复杂度的影响研究了进口贸易、FDI 以及 OFDI 等因素的影响。问泽霞和张晓辛（2016）发现，进口和 FDI 均能显著提高我国高技术产品的出口复杂度。汪凌志和刘清（2017）通过对 1999~2013 年我国高技术产品出口技术复杂度进行分析发现，我国高技术产品出口技术复杂度整体不断上升，但与发达国家相比仍然存在较大差距，他认为经济发展水平、研发投入、FDI 的提高能有效促进我国高技术产品出口技术复杂度的提升，因此，加大技术创新力度、优化出口贸易结构、改善 FDI 是提升我国高技术产品出口技术复杂度的未来方向。王佳和刘美玲（2019）发现，OFDI 能够提升母国高技术产业出口技术复杂度，但对发达国家与发展中国家高技术产业出口技术复杂度的影响具有异质性，FDI、研发投入、人力资本以及自有技术等均能促进一国高技术产业出口技术复杂度的提升。

（二）关于 TPU 对高技术产业出口技术复杂度的影响研究

通过文献梳理发现，尚未有文献专门研究 TPU 对一国高技术产业出口技术复杂度的影响，仅有部分学者研究了贸易自由化、反倾销、贸易壁垒等与贸易政策相关的因素对某个行业（且大部分为制造业）出口技术复杂度的影响。考虑到这一视角的研究与本书最为紧密，下面梳理了与贸易政策相关的因素对产业出口技术复杂度影响的文献。

部分学者从贸易自由化的角度分析了贸易政策变动对出口技术复杂度的影响，他们认为贸易自由化的提高能显著提升出口技术复杂度（Xuan，2016；戴翔，2016；周茂等，2019；盛斌和毛其淋，2017）。其中，周茂等（2019）使用出口技术复杂度衡量出口升级状况，首次采用双重差分法评估人力资本扩张对我国城市制造业出口升级的因果效应，得出人力资本扩张可以显著促进出口升级的结论。盛斌和毛其淋（2017）从中国的角度出发发现，中国的进口贸易自由化显著提高了中国制造业企业的出口技术复杂度，且 R&D 创新是进口贸易自由化提升制造业出口技术复杂度的重要渠道。戴翔（2016）指出，在有效控制制造业研发投入以及人力资本等变量后，服务贸易自由化发展能显著提升中国制成品的出口技术复杂度。

此外，杨连星等（2017）通过实证分析贸易伙伴发起的反倾销对中国出口复杂度的影响发现，贸易伙伴发起的反倾销措施显著抑制了中国出口技术复杂度的提升。随后，戴魁早和方杰炜（2019）的研究更进了一步，他们分析了我国发起的贸易壁垒以及我国贸易伙伴发起的贸易壁垒对我国出口技术复杂度的影响。他们通过理论分析和实证检验发现，贸易伙伴发起的出口贸易壁垒在一定程度上通过扩张出口边际和增加对外直接投资促进了中国制造业出口技术复杂度的深化，中国对其他国家发起的进口贸易壁垒则通过抑制研发投入和中间品进口规模抑制了我国制造业出口技术复杂度的深化。本书发现，关于贸易伙伴发起的反倾销措施到底如何影响我国的出口技术复杂度，这两篇文献给出的结论不一样。可见，与贸易政策相关的因素对出口技术复杂的影响还需要进一步的研究。

上述关于贸易政策相关的因素对出口技术复杂度的影响的文献虽然鲜有直接涉及 TPU 的，但都会对贸易政策的稳定带来冲击，从而使 TPU 发生变动，从这个角度来说，这些文献对本书的研究起到了一定的参考作用。此外，学者们虽然没有就 TPU 对出口技术复杂度的影响直接进行研究，但研究了 TPU 对影响出口技术复杂度的关键因素如研发投入（李敬子和刘月，2019）、产品创新（佟家栋和李旗胜，2015；徐卫章和李胜旗，2016）、研发效率（Feng et al., 2017）、生产率（Handley, 2014；Handley et al., 2018）、市场竞争（周定根等，2019）、中间品进口（Shepotylo and Stuckatz, 2017；毛其淋，2020）、FDI（Shepotylo and Stuckatz, 2017）、OFDI（孙林和周科选，2020）等进行了研究，而这些因素都是影响一国高技术产业出口技术复杂度的重要因素。

通过文献梳理发现，现有关于 TPU 与高技术产业出口技术复杂度的研究都是平行进行的，这两者之间还未形成统一的理论框架，具体的理论机制还语焉不详，更没有建立明确的理论模型对其进行分析。因此，通过理论分析和实证研究明确两者的理论及传导机制具有重要的理论和现实意义。鉴于此，本书在归纳已有研究的基础上，首先基于相关研究构建 TPU 影响高技术产业出口技术复杂度的数理模型，通过严格的数理模型推导出两者之间的关

系，并深入分析 TPU 对高技术产业出口技术复杂度的作用机制；其次进一步
对 TPU 影响高技术产业出口技术复杂度的理论及作用渠道进行实证分析；最
后，根据本书理论及实证研究的结论提出应对 TPU 冲击深化我国高技术产业
出口技术复杂度的政策建议。本书的研究丰富了高技术产业出口技术复杂度
与 TPU 相关的文献，为该领域的后续研究提供了理论借鉴。

第四节　本章小结

本章主要就与本书相关的文献进行了梳理，具体包括三个方面。

第一，通过对国际贸易与技术创新相关的文献梳理发现，两百多年来贸
易学家对贸易模式决定力量的理论认识得到不断深入和完善，这推动了技术
与贸易的相关研究。从古典贸易理论到新古典贸易理论再到现代贸易理论都
认为技术创新对国际贸易的形成和发展具有重要的推动作用，国际贸易对技
术创新也具有同等重要的影响，两者互为因果、相互促进。20 世纪 80 年代
末 90 年代初以来，国际贸易理论把研究的重点转移到了国际贸易、技术创
新与经济增长之间的关系上，不仅研究技术创新对国际贸易的影响，还把技
术创新看作投资、国际贸易和经济增长的结果，研究国际贸易、经济增长对
技术创新的作用。这些研究的理论渊源又可以分为两类，一类是基于李嘉图
模型将技术看作外生变量发展起来的贸易和增长理论，另一类则将技术看作
内生变量的贸易和增长理论。

第二，通过对产业出口技术复杂相关的文献进行梳理发现，现有文献主
要对产业出口技术复杂的内涵、理论基础、测度以及影响因素等方面进行了
研究。产业出口技术复杂度是集出口产品价值、技术含量和生产效率为一体
的综合概念，一国产业出口产品的复杂度与其出口产品的技术含量成正比。
产业出口技术复杂度具有丰富的理论内涵，主要源于比较优势理论、要素禀
赋理论、产业内贸易理论、异质性企业理论、母市场理论以及相似需求理论
等国际贸易理论。以拉尔等（2006）和豪斯曼等（2005）为代表的收入指

标法计算出的产业出口技术复杂度意味着产品出口国的收入水平越高，出口产品的复杂度就越高。以肖特（2008）为代表的不包含人均 GDP 的用于刻画两国经济趋同和差异程度的出口相似指数则是通过衡量一国出口商品与发达经济体出口商品集的相似程度来刻画其出口技术复杂度的。

事实上，在对出口技术复杂度进行测度时，学者们使用产品出口国的收入水平作为出口产品技术含量的一种粗略的替代指标，出口技术复杂度并非单纯的技术度量指标，而会受到诸多因素的共同影响，如基础设施水平、自然资源利用、市场需求、产业分工程度以及政治动荡等（Lall et al.，2006；黄永明和张文洁，2012）。也正因为如此，学者们从各个视角研究了不同因素对出口技术复杂度的影响。关于高技术产业出口技术复杂度的影响可以归纳为内部因素和外部因素两大类：内部因素如研发投入、技术创新、人力资本、要素禀赋等；外部因素如进口贸易、FDI、OFDI 等。从全球产业链视角来看，我国传统要素成本方面的比较优势已经不复存在，而技术知识、人力资本等创新要素带来的新竞争优势尚未完全形成（曹虹剑等，2020）。世界上重要国家的技术追赶不在于投资者恰好落入该国产业政策的标准产业分类（如高技术产业），而是致力于提升国家整体技术进步的产业政策应直接针对有助于技术追赶的具体商业活动，如出台技术创新政策、增加教育支出等，而不是仅仅针对某些行业（Smith，2002）。

第三，关于 TPU 与高技术产业出口技术复杂度的文献梳理分为两部分。其中一部分梳理了关于 TPU 的文献，现有文献主要讨论了如何有效度量 TPU 以及 TPU 对贸易、其他经济变量带来的影响。目前，应用较为广泛的 TPU 度量方法主要有基于新闻的 TPU 指数、基于关税的 TPU 指数以及非关税壁垒识别法三种。关于 TPU 如何影响贸易自身的研究，包括贸易量、贸易产品创新、质量与价格、出口的国内附加值等方面；关于 TPU 如何影响其他经济变量的研究，包括 TPU 对经济增长、生产率、就业、社会福利、FDI、OFDI 等宏微观经济变量的影响。另一部分梳理了 TPU 与高技术产业出口技术复杂度之间的文献。通过文献梳理发现，关于产业出口技术复杂度的研究已经相当丰富，但针对高技术产业出口技术复杂度的研究并不多，还未有直接研究

TPU 对一国高技术产业出口技术复杂度影响的文献，仅有部分学者研究了贸易自由化、反倾销、贸易壁垒等与贸易政策相关的因素对某个行业（且大部分为制造业）出口技术复杂度的影响。可见，现有关于 TPU 与高技术产业出口技术复杂度的研究都是平行进行的，两者之间还未形成统一的理论框架，具体的理论机制还语焉不详，更没有建立明确的理论模型对其进行分析。因此，通过理论分析和实证研究明确两者的理论及传导机制具有重要的理论和现实意义。

第三章

TPU 影响产业出口技术复杂度的理论机制

本章从理论上阐述 TPU 对高技术产业出口技术复杂度的影响机制。出口技术复杂度作为集出口产品技术含量和企业生产率于一体的综合概念，自豪斯曼和罗德里克（2003）提出以来就成为贸易领域研究的热点，但针对 TPU 如何影响出口技术复杂度的理论和实证研究还尚属空白。结合当前贸易政策的现状发现随着全球 TPU 的急剧上升，各经济体的关税和非关税贸易"救市"政策越来越多，各国贸易政策的"非正常变动"正成为常态，逆全球化和贸易保护主义也正成为国际经贸领域中最突出、最重要的现象之一（裴长洪和刘洪愧，2017）。因此，研究 TPU 对一国高技术产业出口技术复杂度的影响不仅丰富了该领域的现有研究，还顺应了该领域的发展趋势，具有很强的时代意义。

鉴于此，本章基于梅利茨（2003）的理论分析框架，并借鉴汉德利和利茂（2013）、比斯托（2011）和布卢姆（2007）的思路构建了一个包含 TPU 与产业出口技术复杂度的理论模型，刻画了贸易伙伴 TPU 对一国产业出口技术复杂度的影响机制。理论模型的基本逻辑是，企业是出口的微观主体，生产率越高的企业克服固定出口成本的能力越强，技术水平越高的企业具有越高的沉没研发成本，这使得企业在受到贸易伙伴 TPU 冲击进行出口和技术升级选择时面临进入和升级的"门限值"，企业对出口进入和技术升级的选择将最终影响一国的产业出口技术复杂度。为了简化分析，理论模型仅考虑出口国与其他对称的经济体进行贸易往来。下面从出口国的角度展开分析，并将注意力限制在（对称的）两国模式上，这样进入国外市场就不会影响其他国家的企业在该市场上的销售数量。

第一节　TPU、企业出口与技术升级

一、需求、供给与定价

沿用梅利茨（2003）假定企业生产需要资本和劳动两种要素，并且假设劳动力同质。在此基础上，本书进一步假设对于出口国生产的连续的差异化产品 v，各经济体代表性消费者的效用函数为 $Q_0 q_0^{1-\mu}$，其中，μ 为消费者在差异化产品上的支付份额。出口产品 v 的行业为垄断竞争行业，行业中各企业的生产函数为替代弹性为常数的 CES 生产函数，形式为 $Q = \left[\int_{v \in \Omega} q_v^{\rho} dv \right]^{\frac{1}{\rho}}$，其中，$\Omega$ 代表可以消费的产品集合，q_v 代表消费者对差异化产品的需求，各种差异化产品之间的需求替代弹性固定不变 $\sigma = 1/(1-\rho) > 1$。进一步假设消费者对差异化产品的总支出为 E，消费者面临的差异化产品的价格为 p_v，则差异化产品的总需求可以表示为：

$$q_v = \frac{E}{P} \left(\frac{p_v}{P} \right)^{-\sigma} \tag{3.1}$$

其中，差异化产品的价格指数为 $P = \left[\int_{v \in \Omega} p_v^{1-\sigma} dv \right]^{\frac{1}{1-\sigma}}$。上述收入、价格指数和总需求等变量都是对于特定的出口国而言的，本书为了简化符号均省略了出口国的下标。

本书关注的是出口国的贸易伙伴对特定行业 V 征收的关税。事实上，出口国除了面临关税壁垒，还会面临类似技术性贸易壁垒、反补贴、反倾销和针对性的特殊保障措施等非关税壁垒。为了便于分析，在理论分析部分统一用关税壁垒说明，不过在第五章的实证分析部分对这两种贸易壁垒进行了区分。这样的处理有一定的合理性，因为所有非关税壁垒也都表现为贸易成本的上升，这和关税变动带来的影响一致。假设出口商面临的出口关税系数为 τ_v，$\tau_v = 1$ 表示自由贸易，$\tau_v > 1$ 表示本国产品 v 出口会被征收关税，其值越大说明征收的关税越高。此时，考虑了关税之后的差异化产品 v 的价格由 p_v 变为 p_v / τ_v。

假设给定技术的企业其边际生产成本为 C_v，对各企业来讲 C_v 与各企业的生产率 ψ^* 成反比，不同企业的 C_v 是确定且异质的。沿用比斯托（Bustos，2011）每个企业在投入固定成本进入出口市场后会随机获得一个生产率，ψ^* 即为企业随机获得的生产率。这个生产率符合帕累托分布，并且不会随着时间的推移而变化。除非企业通过技术升级改变其技术，或者贸易自由化将市场份额重新分配给出口企业，使得最具生产力的企业提高生产率（Pavcnik，2002；Tybout，2003）。设企业随机获得的生产率满足 $G(\psi) = 1 - \psi^{-k}$，且 $k > 1$。假设出口国的工人工资为 w，则企业的边际生产成本为 wC_v。出口国的企业要想实现出口还需要承担包括与出口相关的运费、保险费、标签或符合特定出口产品标准的额外费用支出，这些与关税无关的可变出口成本设为 d_v。在没有外部冲击的确定性环境中，企业每个时期的出口都以利润最大化为经营目标，利润函数为 $\pi_v = (p_v / \tau_v - wC_v d_v) q_v$。

在 CES 偏好下利润最大化的出口企业按照边际成本（生产成本与贸易成本之和）进行加成定价，制定的最优价格为 $\tilde{p}_v = wC_v d_v / \rho$。其中，企业收取的价格加成 ρ 由产品间的替代弹性决定 $\rho = (1 - 1/\sigma) > 1$。考虑到产品出口关税的增加，企业也会增加产品的出口价格，此时产品的出口价格为 $p_v = (wC_v d_v / \rho) \tau_v$。利润最大化的企业会特别关注出口价格，为了更好地分析贸易伙伴贸易政策的变动对出口价格的影响，这里固定工人的工资 w。所以，贸易伙伴贸易政策确定之后企业会作出自己的定价和生产决策，只有当受到贸易伙伴关税政策变动冲击后，企业才会作出进入和升级投资的决策。将需求函数和边际成本基础上的加成定价重新代入利润函数（3.2）得到：

$$\pi_V = A\tau_V^{-\sigma} C_V^{1-\sigma} d_V^{1-\sigma} \qquad (3.2)$$

其中，$A = [(1-\rho)/\rho] E (w/p)^{1-\sigma}$ 代表了企业经营面临的外部条件，如国内工资、国外需求等。下面的分析中本书会添加额外的因素检验贸易伙伴关税政策的变动如何影响整体条件 A。

二、TPU 与企业出口

下面以国内特定行业大量优质异质性企业为研究对象，研究它们在面临贸易伙伴关税政策变动冲击时作出的出口进入决策。由于模型研究的对象是国内特定行业的大量优质企业，高技术企业就属于这样的行业，因此，模型得出的结论都适合高技术行业。为了进入外国市场企业必须支付沉没投资成本 K，企业要维持大规模出口，就需要大量的沉没成本投资，并且这一部分成本是不可逆的。此时，企业出口获得的利润为 $\pi(a_{sv}, C_V) = a_{sv} C_V^{1-\sigma}$。其中，$a_{sv} = A\tau_{sv}^{-\sigma} d_V^{1-\sigma}$ 表示特定行业 V 中的每个企业经营面临的整体条件，企业的利润取决于贸易伙伴处于关税政策状态 S 时的关税因素 $\tau_{sv}^{-\sigma}$。接下来依次确定贸易伙伴关税政策确定时的企业进入出口市场的门限值 C_S^D 以及贸易伙伴关税政策变化时企业进入出口市场的门限值 C_S^U。

部分学者指出，由于关税总体效应的存在，贸易伙伴针对某一行业的关税政策会通过行业间的价格指数影响到其他行业，这样特定行业 V 中的企业其出口决策也会受到其他行业关税政策的影响。不过，汉德利和利茂（2013）指出，与针对某一特定行业 V 的关税带来的直接效应相比，这种间接效应较小，可以忽略不计。因此，下面针对贸易伙伴发起的针对某一特定行业 V 的关税措施进行讨论，这里省略下标 V 以简化符号。如果贸易伙伴贸易政策状态 S，且预计不会发生变化，则只有成本处于或低于进入门限值 C_S^D 的企业才会进入出口市场。假设企业此时对应的进入生产率门限为 ψ_S^D，只有生产率满足 $\psi_S^D < \psi^*$ 的企业才会进入出口市场。进入门限值由式（3.3）决定，即：

$$\frac{\pi(a_S, C_S^D)}{1-\beta} = K \Leftrightarrow C_S^D = \left[\frac{a_S}{(1-\beta)K}\right]^{\frac{1}{\sigma-1}} \tag{3.3}$$

其中，β 为企业营业利润的贴现率，它决定了企业存活的概率。这里先对企业所处的政策状态做一个简要的说明。设企业当前所处的贸易政策状态为 S_0，即本书讨论的初始贸易状态；若贸易伙伴针对 V 行业的进口关税可能上升，下一个政策状态设为 S_B，说明出口国 V 行业的出口受到了不利的冲击；若贸易伙伴针对该行业的进口关税可能下降，下一个政策状态设为 S_G，说明出口国行业 V 的出口受到了有利的影响。该企业会持续出口直到受到贸易伙伴贸易政策变动的冲击，当受到冲击时，企业必须决定是今天还是等待情况好转后再进入出口市场。

下面确定出口企业面临贸易伙伴关税政策变化时企业进入出口市场的门限值 C_S^U。企业面临不确定冲击时进入的门限值 C_S^U 由企业出口的期望值 Π_e 减去沉没成本 K 决定，这也是等待期望值 Π_w 的当前净额。这一关系表示为：

$$\prod_e(a_S, C_S^U) - K = \prod_w(a_S, C_S^U) \tag{3.4}$$

在不确定状态下，任何成本小于或者等于进入门限值 C_S^U 的企业都会进入出口市场，大于进入门限值 C_S^U 的企业则选择不进入或者退出。为了得到 C_S^U，假设企业此时对应的进入生产率门限为 ψ_S^U。只有生产率满足 $\psi_S^U \leqslant \psi^*$ 的企业才会进入出口市场。下面参考汉德利和利茂（2013）建立一个包含关税值的马尔科夫政策转移矩阵 M。M 中 $t_{SS'}$ 代表企业面临的从政策状态 S 过渡到 S′ 的转换概率，S′ 代表 S_B 和 S_G 两种状态。这里假设行业长期的关税均值为 τ_0，也是企业初始政策状态 S_0 时的关税值。相应地，设对出口不利的政策状态 S_B，对应的关税为 τ_B，对出口有利的政策状态 S_G 对应的关税为 τ_G，且三种状态下关税排序为 $\tau_G < \tau_0 < \tau_B$。则马尔科夫政策转移矩阵 M 可以表示为：

$$M = \begin{pmatrix} t_{BB} & t_{BO} & t_{BG} \\ t_{OB} & t_{OO} & t_{OG} \\ t_{GB} & t_{GO} & t_{GG} \end{pmatrix} = \begin{pmatrix} t_{BB} & t_{BO} & 0 \\ t_{OB} & t_{OO} & t_{OG} \\ 0 & t_{GO} & t_{GG} \end{pmatrix} \qquad (3.5)$$

这里假设短期内政策状态从 S_B 转到 S_G 与从 S_G 转到 S_B 的可能性为 0，即短期内贸易伙伴的贸易政策不会发生巨大改变。下面对不同政策状态下企业出口获得的利润进行排序为 $\pi_B < \pi_0 < \pi_G$。此时，处于政策状态 S 的企业其出口期望值可以写为：

$$\prod_e (a_S, C_S^U) = \pi(a_S, C_S^U) + \beta \sum t_{SS'} \prod_e (a_S, C_S^U) \qquad (3.6)$$

其中，S′代表下一期政策状态，即代表对出口有利和不利两种政策状态。任何一个已经出口的企业会持续出口，直到受到贸易伙伴的关税政策改变的冲击才会重新考虑出口决策。下面给出任何一个出口企业在以上描述的三种状态下的出口期望值 $\prod_e$。当政策状态 s≠O 时有：

$$\prod_e (a_S, C_S^U) = \frac{\pi(a_S, C_S^U) + \beta t_{SS'} \prod_e (a_{S'}, C_{S'}^U)}{1 - \beta t_{SS}} \qquad (3.7)$$

由式（3.6）和式（3.7）得，当政策状态 s = O 时有：

$$\prod_e (a_0, C_0^U) = \frac{\pi(a_0, C_0^U)}{1 - \beta t_{00}} + \frac{\beta}{1 - \beta t_{00}} \sum_{s \neq o} t_{0s} \frac{\pi(a_0, C_0^U)}{1 - \beta t_{SS}} \qquad (3.8)$$

其中，t_{00} 表示当前政策状态不变的概率。下面表示出上述三种政策状态下的等待期望值 $\prod_w$，并结合式（3.4）得出不确定政策状态下企业的出口进入门限值 C_s^U。

假设现在出口企业处于最有利的政策状态 S_G，即贸易伙伴对该产业的进口关税较低，且短期内关税不会再进一步降低，此时企业等待的期望值为 0。于是有：

$$\frac{\pi(a_G, C_G^U) + \beta t_{GS'} \prod_e (a_{S'}, C_{S'}^U)}{1 - \beta t_{GG}} = K \qquad (3.9)$$

即在当前关税较低的政策状态下，任何小于或者等于进入门限值 C_G^U 的企业都会进入出口市场。可以发现，随着贸易伙伴关税降低，进入出口市场的企业增加了。

假设现在出口企业处于最不利的政策状态 S_B，此时，企业等待的期望值可以表示为：

$$\prod_w (a_B, C_B^U) = 0 + \beta t_{BB} \prod_w (a_B, C_B^U) + \beta t_{BO} \left[\prod_e (a_O, C_O^U) - K \right]$$

(3.10)

式（3.10）的右侧分为三个部分，分别代表企业的三种选择结果。对于还未进入出口市场的新企业而言，此时企业面临的是最不利的政策状态 S_B，这类企业会选择等待，今天不会进入出口市场，此时获得零利润，也就是式（3.10）右侧的第一部分。对于已经进入出口市场的企业会有两种情况。如果下一个时期政策状态不发生变化，这一情况发生的概率为 t_{BB}，乘以企业未来存活的概率 β，可以得到这一情况下企业等待的价值，也就是式（3.10）右侧的第二部分。如果下一期政策状态变好了，变为 S_O，此时企业获得的期望利润值和处于 S_O 状态的企业的等待期望值相等，下一期企业出口将面临较低的关税，这一情况发生的概率为 t_{BO}；成本介于 (C_B^U, C_O^U) 的企业都会选择进入出口市场，再乘以企业未来存活的概率 β，即可以得到这一情况下企业等待的价值，也就是式（3.10）右侧的第三部分。

由式（3.10）可以算出最坏政策状态 S_B 下企业等待的期望值为：

$$\prod_w (a_B, C_B^U) = \frac{\beta t_{BO} \left[\prod_e (a_O, C_O^U) - K \right]}{1 - \beta t_{BB}}$$

(3.11)

将政策状态 S_B 下企业的出口期望值和企业等待的期望值代入企业进入门限值可以得到：

$$\frac{\pi(a_B, C_B^U) + \beta t_{BO} \prod_e(a_O, C_O^U)}{1 - \beta t_{BB}} - K = \frac{\beta t_{BO} \left[\prod_e(a_O, C_O^U) - K \right]}{1 - \beta t_{BB}}$$

$$\Leftrightarrow \frac{\pi(a_B, C_B^U)}{1 - \beta(t_{BB} + t_{BO})} = K \qquad (3.12)$$

可见，政策状态 S_B 下企业进入的不确定性门限值 C_B^U 由沉没投资成本 K 隐含的决定。假设企业处于初始政策状态 S_0，此时企业的等待价值可以表示为：

$$\prod_w(a_0, C_O^U) = 0 + \beta t_{OO} \prod_w(a_0, C_O^U) + \beta t_{OB} \prod_w(a_B, C_B^U)$$

$$+ \beta t_{OG} \prod_e(a_G, C_G^U) \qquad (3.13)$$

下面对式（3.13）右侧的三个部分进行解释。在此状态下，对于还未进入出口市场的新企业，如果选择今天不进入出口市场则将获得零利润，也就是式（3.13）右侧的第一部分。对于已经进入的企业，如果他们认为下一个时期政策状态不会发生变化依然为 S_0，则他们会决定继续留在出口市场，在该状态下等待的企业获得等待价值 $\prod_w(a_0, C_O^U)$，这一情况发生的概率为 t_{OO}，也就是式（3.13）右侧的第二部分。如果政策状态情况发生恶化，则选择等待的企业在下一期将需要以更高的关税出口，此时等待的价值将降低为 $\prod_w(a_B, C_O^U)$，这一情况发生的概率为 t_{OB}，也就是式（3.13）右侧的第三部分。所以上述三项可以看作是企业对政策状态预测之后选择等待的价值。如果企业预期条件改善，出口关税将降低，其成本此时将低于出口门限值，那么企业则不会选择等待而是立即进入，并获得更高的出口期望值 $\prod_e(a_G, C_G^U) = K$，这一情况发生的概率为 t_{OG}。

由式（3.13）得到初始政策状态 S_0 时企业等待的期望值为：

$$\prod_w(a_0, C_O^U) = \frac{\beta - (\beta t_{OB} \cdot \beta t_{BO})/(1 - \beta t_{BB})}{1 - \beta t_{OO} - (\beta t_{OB} \cdot \beta t_{BO})/(1 - \beta t_{BB})} \cdot K \qquad (3.14)$$

将初始政策状态企业的出口期望值式和企业等待的期望值代入企业进入门限值得到：

$$\pi(a_0, C_0^U) = \frac{B_1}{B_2}K \qquad (3.15)$$

其中

$$B_1 = \frac{(1-\beta t_{OO})(1-\beta t_{BB}) - 2\beta^2 t_{OB}t_{BO} + \beta(1-\beta t_{BB})}{(1-\beta t_{OO})(1-\beta t_{BB}) - \beta^2 t_{OB}t_{BO}}K$$

$$B_2 = \frac{(1-\beta t_{GG})(1-\beta t_{BB}) + \beta[t_{OG}(1-\beta t_{BB}) + t_{OB}(1-\beta t_{GG})]}{(1-\beta t_{OO})(1-\beta t_{GG})(1-\beta t_{BB})}$$

再将式（3.15）代入上面给出的利润函数 $\pi(a_{SV}, C_V) = a_{SV}C_V^{1-\sigma}$ 后得到：

$$a_0 C_0^{U1-\sigma} = \frac{B_1}{B_2}K \Leftrightarrow C_0^U = \left[\frac{(1-\beta)B_2}{B_1}\right]^{\frac{1}{\sigma-1}} C_0^D = U_m C_0^D \qquad (3.16)$$

可见，不确定政策状态的企业进入门限值和确定政策状态时的企业进入门限值存在一定的关系，两者的比值即为贸易政策不确定性因子 $U_m = \left[(1-\beta)B_2/B_1\right]^{\frac{1}{\sigma-1}}$。贸易政策不确定性因子也即前面提到的 TPU 衡量的是当前应用关税逆转为关税上限的可能性（龚联梅和钱学锋，2018）。由此可以证明在任何政策状态下，进入门限值都满足 $C_S^U = U_m C_S^D$，再结合 B_1 和 B_2 得出本书的命题 1。

命题 1：若当前外贸政策状态向有利的方向发展（关税可能下降），则有 $t_{GG} = t_{BB} = t_{OO} = t_{OB} = t_{GO} = 0$，可得贸易政策不确定因子为 $U_m = \left[(1-\beta)t_{OG}\right]^{\frac{1}{\sigma-1}}$。此时，随着 U_m 下降，企业面临的不确定情况下的进入门限值 C_S^U 下降，进入生产率门限值 ψ_S^U 也下降，则企业出口进入增加。若当前外贸政策预期向不利的方向发展（关税可能上升），则有 $t_{GG} = t_{BB} = t_{OO} = t_{OG} = t_{BO} = 0$，可得贸易政策不确定因子为 $U_m = \left[\beta(1-\beta)/(1+\beta)t_{OB}\right]^{\frac{1}{\sigma-1}}$。此时，随着 U_m 上升，企业面临的进入门限值 C_S^U 上升，进入生产率门限值 ψ_S^U 也上升，则企业出口进入减少。

由命题 1 容易得出本书的假说 1。

假说 1：随着贸易伙伴 TPU 的下降，关税上升为关税上限的可能性下降，企业进入门限值降低，达到进入生产率门限的企业数量增加，企业出口增加；而随着贸易伙伴 TPU 的上升，关税上升为关税上限的可能性上升，企业进入门限值提高，达到进入生产率门限的企业数量减少，企业出口减少。

三、TPU 与企业技术升级

上面得到的贸易伙伴政策确定时企业进入出口市场的门限值 C_S^D 以及政策变化时企业进入出口市场的门限值 C_S^U 都与企业进行升级的沉没投资成本 K 无关，这说明贸易政策的变化不会通过影响企业的技术升级而影响企业的出口。如果企业只是出口少量的产品则只会产生少量的短期固定成本，试想如果企业要维持长期大规模的出口，必然需要升级其技术以降低出口固定成本。可见，一个致力于长期大规模出口的企业无法规避技术升级问题。因此，有必要扩展上述模型，以显示 TPU 的变化如何引起企业升级它们的技术。接下来模拟 TPU 对企业技术升级的影响，考虑技术升级对企业出口技术复杂度深化的关键作用，这也为深化企业出口技术复杂度提供了一个渠道。

下面着重讨论企业特定于出口市场的技术升级。依据耶普尔（Yeaple，2005）和比斯托（2011），本书也将企业技术升级看作出口企业为了降低边际生产成本而支付额外固定成本的行为。对企业的生产率提出了更高的要求——其需要克服更高的研发成本。如果公司已经支付了最初的沉没投资成本 K 进入出口市场，然后，它可以依据出口情况决定是否支付额外的成本 K_z 进行技术升级，假设进行技术升级可以降低边际生产成本 C_S^D。假设升级的边际成本门限值为 C_{SZ}^D，对应的升级生产率门限为 ψ_{SZ}^D，只有生产率满足 $\psi_{SZ}^D < \psi^*$ 的企业才会选择技术升级。由于企业进行技术升级需要克服更高的研发成本，这也对企业的生产率提出了更高的要求。设 Z 为技术升级引起的边际成本下降为升级门限值的比例，则企业技术升级后的成本为 ZC_{SZ}^D，企业升级后的利润可以表示为：

$$\pi(a_S, ZC_{SZ}^D) = a_S(ZC_{SZ}^D)^{1-\sigma} = A\tau_S^{-\sigma}d^{1-\sigma}(ZC_{SZ}^D)^{1-\sigma} = Z^{1-\sigma}\pi(a_S, C_S^D)$$

$$(3.17)$$

由此可知，由于技术升级，企业的利润增长了 $Z^{1-\sigma}$。由式（3.3）可知，如果贸易伙伴的贸易政策是确定的，则企业升级的成本门限值 C_{SZ}^D 可以由下式得出：

$$\pi(a_s, ZC_{SZ}^D) - \pi(a_s, C_S^D) = K_Z(1-\beta) \Leftrightarrow C_{SZ}^D = \left[\frac{a_s(Z^{1-\sigma}-1)}{K_Z(1-\beta)}\right]^{\frac{1}{\sigma-1}}$$

$$(3.18)$$

将其与上文求出的政策确定时的企业进入门限值 $C_s^D = \left[\dfrac{a_s}{(1-\beta)K}\right]^{\frac{1}{\sigma-1}}$ 进行对比可以得到：

$$C_{SZ}^D = \Phi C_s^D = \left[(Z^{1-\sigma}-1)\frac{K}{K_Z}\right]^{\frac{1}{\sigma-1}} C_s^D \qquad (3.19)$$

其中，Φ 为技术升级参数，且 $\Phi < 1$。首先，式（3.18）告诉我们，只有生产率高的企业才会选择技术升级，边缘进入者不会选择技术升级。因为当 Φ 足够低时，升级门限值 C_S^D 也会极小，只有生产率极高的企业才能达到如此低的边际生产成本。所以，$\Phi < 1$ 保证了只有达到进入门限值的一小部分出口企业进行技术升级。其次，式（3.19）还告诉我们，政策确定情况下的升级门限值 C_S^D 和技术升级参数 Φ 都与政策无关，这种简单的延伸扩大了贸易伙伴贸易政策的影响——即使是小幅度的关税消减也会因为现有出口企业的升级而使出口产生很大的变化，这种出口的巨大变化可能是由出口数量（集约边际）也可能是由出口种类（扩展边际）引起的，具体原因可以由二元边际理论解释。

依据现有研究出口二元边际的经典文献可知，企业层面的集约边际可以由出口商品价值量的变化表示，并可以进一步分解为出口的价格边际和数量边际；企业层面的扩展边际可以由企业是否进入出口市场、出口产品的种类、出口市场的范围表示（Hummels and Klenow，2005；刘斌和王乃嘉，2016）。假说 1 中由于贸易伙伴 TPU 的下降、企业进入门限值降低带来了企业出口进入增加，事实上，这种增加可能是由于原先已经进入的出口企业加大了出口（集约边际深化），也可能是新进入企业的加入（扩展边际深化）。虽然限于技术问题，模型无法得出具体比例，但是无论哪种情况导致的企业出口增加都会带来出口国整体贸易利得的增加，这种贸易利得增加对企业技术升级投入至关重要。这与比斯托（2011）和余淼杰（2011）的研究结论一致，即贸易自由化带来的贸易利得的增加可以促使出口企业投资于新技术，进而提高企业的生产率。

下面确定贸易伙伴政策不确定时的升级门限值 C_{SZ}^U，并证明任何政策状态 $S \in \{B; O; G\}$ 都只有一小部分出口商选择技术升级，升级的门限值 C_{SZ}^U 与进入门限值 C_S^U 的比值与政策确定时一样也为 Φ。设此时企业升级生产率门限为 ψ_{SZ}^U，只有生产率满足 $\psi_{SZ}^U < \psi^*$ 的企业才会在面临不确定性政策冲击时还选择术升级。

假设在最坏的政策状态下，如果技术升级参数满足 $\Phi < \overline{\Phi}$，就认为 Φ 足够低。这里 $\overline{\Phi}$ 满足 $C_{OZ}^U(\overline{\Phi}) = C_B^U$，$C_B^U$ 是上面导出的政策状态 S_B 下的进入门限值，C_{OZ}^U 则是接下来要确定的政策状态 S_O 下的升级门限值。上面指出不同政策状态 $S \in \{B; O; G\}$ 的企业进入出口市场的决策是相似的：出口期望值 Π_e 减去沉没投资成本 K 等于等待的期望值 Π_w，这一关系可以表示为 $\prod_e(a_S, C_S^U) - K = \prod_w(a_S, C_S^U)$。同样的道理，对于任何政策状态的企业，只有使用升级技术的企业的出口期望值 $\prod_{eZ}$ 减去沉没投资成本 K 等于等待的期望值 $\prod_{wZ}$ 时，企业才会进行技术升级。此时，企业的边际生产成本为 C_{SZ}^U 由式（3.20）决定：

$$\prod_{eZ}(a_S, ZC_{SZ}^U) - K_Z = \prod_{wZ}(a_S, C_{SZ}^U, Z) \tag{3.20}$$

这里的升级因子 Z 会出现在升级后企业每个阶段的营业利润表达式中。显然在新技术下出口的预期值与式（3.6）一致，只是用技术升级后的边际成本代替了原来的边际成本。这样，企业技术升级后的出口价值可以表示为：

$$\prod_{eZ}(a_S, ZC_{SZ}^U) = Z^{1-\sigma} \prod_e(a_S, C_{SZ}^U) \qquad (3.21)$$

依然考虑政策状态 S_0，此时企业技术升级的等待价值可以表示为：

$$\prod_{wZ}(a_0, C_{0Z}^U, Z) = \pi(a_0, C_{0Z}^U) + \beta t_{OO} \prod_{wZ}(a_0, C_{0Z}^U, Z)$$
$$+ \beta t_{OB} \prod_{wZ}(a_B, C_B^U, Z)$$
$$+ \beta[t_{OG} \prod_{eZ}(a_G, ZC_G^U) - K_Z] \qquad (3.22)$$

企业技术升级的等待值与企业进入的等待值相比，关键的区别在于一家没有技术升级预期的企业现在的利润也为正。在接下来的阶段，企业面临的外部环境或者保持相同的状态，概率为 t_{OO}；或者过渡到较坏的状态，概率为 t_{OB}，此时企业仍然选择等待并使用最初的技术；或者过渡到较好的状态，概率为 t_{OG}，此时企业将在这里选择升级。由式（3.22）可以得出当政策状态为 S_0 时的等待价值为：

$$\prod_{wZ}(a_0, C_{0Z}^U, Z)(1 - \beta t_{OO}) = \pi(a_0, C_{0Z}^U) + \beta t_{OB} \prod_{wZ}(a_B, C_B^U, Z)$$
$$(3.23)$$

将式（3.21）和式（3.23）代入无差异状态得到的政策状态 S_0 下的不确定性升级门限值为：

$$C_{0Z}^U = \left[\frac{(1-\beta)B_2}{B_1}\right]^{\frac{1}{\sigma-1}} \left[\frac{a_S(Z^{1-\sigma}-1)}{K_Z(1-\beta)}\right]^{\frac{1}{\sigma-1}} = U_m C_{0Z}^D \qquad (3.24)$$

由此可以证明，对任何政策状态 $S \in \{B; O; G\}$，式（3.24）都满足 $C_{SZ}^U = U_m C_{SZ}^D$。综合以上得到本书的命题2。

命题2：当升级参数足够低（$\Phi < \overline{\Phi}$）且企业能够支付沉没成本 K 来升级其出口技术时：（a）贸易政策确定情形下的升级门限值满足 $C_{SZ}^D = \varphi C_S^D$；（b）贸易政策不确定情形下升级门限值与确定情形下升级门限值满足：$C_{SZ}^U = U_m C_{SZ}^D$。这与不确定情形下进入门限值与确定情形下进入门限值一致，都与贸易政策不确定因子 U_m 成正比。

命题 2（a）之所以成立是因为在贸易政策确定的情形下，当 $\Phi < \overline{\Phi}$ 时，升级门限值 C_S^D 也会极小，只有生产率极高的企业才能达到如此低的边际生产成本。只有生产率高的企业才会选择技术升级，边缘进入者不会选择技术升级，此时，企业进入和等待的价值不受其升级的可能性的影响，企业进入门限值和属性仍然由命题 1 给出。命题 2（b）意味着升级门限值"继承"了进入门限值的所有属性，也就是说，不确定性下的升级门限值与式（3.18）中的确定性门限值成正比，与贸易政策不确定性因子 U_m 也成正比，这也意味着，在面临贸易政策不确定性时这两个截止点的弹性是相似的。由命题 2 容易得出本书的假说 2。

假说 2：随着贸易伙伴 TPU 的下降，关税上升为关税上限的可能性下降，企业技术升级门限值降低，达到升级门限的企业数量增加，进行技术升级的企业增加；而随着贸易伙伴 TPU 的上升，关税上升为关税上限的可能性上升，企业升级门限值提高，达到升级门限的企业数量减少，进行技术升级的企业减少。

第二节　TPU 与产业出口技术复杂度

贸易政策变化对产业出口技术复杂度的影响是人们普遍关注的问题之一，这关系到一国整体的贸易竞争力及一国产业在全球价值链中的地位，对 TPU 的讨论能为深化产业出口技术复杂度提供新的渠道。上面的文献梳理发现部分学者研究了贸易自由化、反倾销、贸易壁垒等与贸易政策相关的因素对产业出口技术复杂度的影响，但尚未有专门研究 TPU 的文献，更缺少相关理论机制的分析。为了填补这一空白，在上面分析的基础上本节进一步分析 TPU 对产业出口技术复杂度的影响。

一、TPU 与产业出口技术复杂度

综合假说 1 和假说 2 可知，随着贸易伙伴 TPU 的下降，关税上升为关税上限的可能性下降，企业出口进入门限值 C_S^U 和技术升级门限值 C_{SZ}^U 都会降低，企业出口进入和技术升级投入都会增加；反之，随着贸易伙伴 TPU 的上升，关税上升为关税上限的可能性上升，企业出口进入门限值 C_S^U 和技术升级门限值 C_{SZ}^U 都会上升，企业出口进入和技术升级投入都会减少。进一步地，设贸易伙伴贸易政策变化时企业进入门限值 C_S^U 对应的进入生产率门限为 ψ_S^U，企业技术升级门限值 C_{SZ}^U 对应的生产率门限为 ψ_{SZ}^U，并且有 $C_S^U > C_{SZ}^U$ 与 $\psi_S^U < \psi_{SZ}^U$。随着贸易伙伴 TPU 的上升，C_S^U、C_{SZ}^U、ψ_S^U 以及 ψ_{SZ}^U 都会上升，但大小关系不变。如果企业生产率 ψ^* 满足 $\psi^* \in (0, \psi_S^U)$，企业将退出出口市场；如果企业生产率 ψ^* 满足 $\psi^* \in (\psi_S^U, \psi_{SZ}^U)$，企业将继续出口，但不会进行技术升级；如果企业生产率 ψ^* 满足 $\psi^* \in (\psi_{SZ}^U, \psi^{max})$[①]，企业将继续出口并选择技术升级。

随着贸易伙伴 TPU 的不断上升，一部分无法达到出口进入门限值的生产率较低的企业会退出出口市场，出口企业的数量减少（出口扩展边际下降），达到出口进入门限值且生产率相对较高的未退出出口市场的企业出口也会受到不确定预期的影响而减少出口（出口集约边际下降）。随着贸易伙伴的 TPU 持续上升，企业的技术升级门限值也会上升，对应的升级生产率门限 ψ_{SZ}^U 也会提高，进行技术升级的企业数量会减少，出口产品的种类会下降，出口市场的拓展也会搁置（出口扩展边际下降）。随着技术升级企业的数量与技术升级投资的减少，产品的质量很难提高，产品的价格和销量都会下降（出口集约边际下降）。

以企业异质性理论为基础发展起来的出口二元边际理论原本是用于解释一国出口产品扩张原因的，这一理论观点启示学者从出口集约边际和扩展边际视角解读一国出口增长及出口技术复杂度的深化（陈晓华，2012）。产业出口技术复杂度作为集出口产品价值、技术含量和生产效率于一体的综合概

---

① 如果生产率分布是无界的，那么在任何一种状态，一些企业都会升级，因此，新的升级者是具有中等生产率水平的出口商。如果生产率分布是有限的，那么有可能升级只发生在最好的状态和最有生产力的出口商。结合企业实际，本书和汉德利和利茂（2013）一样取第二种情况。

念，其高低与其出口产品的技术含量成正比（Hausmann et al.，2005）。可以说，企业视角的二元边际的变动共同影响一国产业出口技术复杂度的变迁。有学者在使用二元边际理论分析产业出口技术复杂度时指出一国贸易二元边际的变动会引起出口技术复杂度的变动，也有学者认为企业出口增长和企业出口技术复杂度深化在一定程度上可以画等号。以拉尔等（2006）和豪斯曼等（2005）为代表的测度产业出口技术复杂度的经典公式，其权重为该国该产业出口规模占出口总额的比重，这意味着产业出口技术复杂度与产业出口成正比，该产业出口的比重越高，该国该产业出口技术复杂度就越高。因此，可以说，贸易伙伴 TPU 下降会通过提高整个产业的出口而提高一国产业的出口技术复杂度。郑玉和郑江淮（2020）直接指出，一国出口技术含量的衡量本质上来说是以贸易双方之间的出口量为载体的，并直接使用贸易引力模型分析出口技术含量。因此，产业出口技术复杂度可以表示为出口的函数。

下面证明贸易伙伴 TPU 的变化如何通过企业出口进入和技术升级影响整个产业的出口技术复杂度。由上面可知，对于行业 V 中的企业，面临政策状态 S 时的出口收益可以表示为 $p_{SV}q_{SV}/\tau_{SV}$，将每个企业的销售额相加便可以得到整个产业的出口总额。当技术升级成为可能时，就会有一组企业进行技术升级（Ω_{SV}^Z），其成本低于剩余的一组企业（$\Omega_{SV}/\Omega_{SV}^Z$），这样可以得到产业的出口表达式为：

$$\text{PRODY} = f(R_{SV}) = \alpha_{SV}\sigma\left[\int_{V\in\Omega_{SV}^Z}(Z_VC_V)^{1-\partial}d_V + \int_{V\in\Omega_{SV}/\Omega_{SV}^Z}(C_V)^{1-\partial}d_V\right]$$

$$(3.25)$$

其中，PRODY 表示该国某产业出口技术复杂度，R_{SV} 表示出口增长，其他变量的符号和上面一致。由于上面假设研究的对象是国内特定行业的大量优质企业，而高技术企业就属于这样的行业，因此，整个理论模型的分析都适合高技术产业，为了显示模型的一般适用性，这里不再强调。

对于特定数量的出口和进行技术升级的企业来说，只有在当前经济状况改善的情况下出口才能增加。对于模型（3.25）而言，意味着当企业面临的整体条件 α_{SV} 变好时（如国外需求增加），出口才会增加，但这与 TPU 无关。各种差异化产品之间的需求替代弹性 σ 是固定的。因此，TPU 只有通过影响出口进入和技术升级企业的数量（二元边际深化）来影响出口。在贸易伙伴当前 α_{SV} 给定的情况下，贸易伙伴 TPU 下降只会通过提高括号中的条件来提高产业的出口技术复杂度，即贸易伙伴 TPU 下降只会通过提高企业出口进入或者技术升级（二元边际）提高产业的出口技术复杂度。因此，在其他条件给定的条件下，贸易伙伴 TPU 的变化只会通过影响出口进入以及技术升级两种途径影响企业出口。可以说，企业作为应对这种风险的独立个体，其生产率的高低是决定其是否出口以及是否技术升级的关键。上述思路可以由图 3.1 展示。同时，得到本书的假说 3。

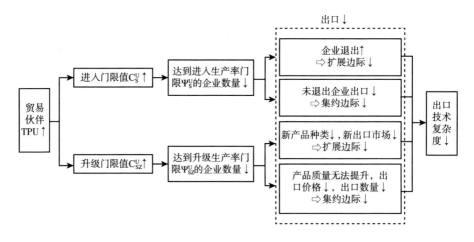

图 3.1　TPU 影响产业出口技术复杂度具体路径

假说 3：贸易伙伴 TPU 的上升会抑制一国产业出口技术复杂度深化，而贸易伙伴 TPU 的下降会促进一国产业出口技术复杂度深化，两者成反比。

上述模型得出的结论可以总结为：在面临贸易伙伴 TPU 冲击时，只有跨越技术升级门限值的高生产率企业才会选择技术升级，然后实现出口增长；超过出口进入门限值而低于升级门限值的低生产率企业仅从事出口而不进行技术升级；低于进入门限值的生产率极低的企业将随着时间的推移而退出出口市场。可见，面对贸易伙伴 TPU 上升带来的冲击，企业的生产率是决定企业是否出口、出口多少以及是否进行技术升级的关键。换句话说，企业要想在外部 TPU 冲击时形成稳定的出口机制，就要提高自身的生产率，只有这样才能达到出口进入和技术升级的生产率门限（ψ_S^U 和 ψ_{SZ}^U），才能不断提升自身的出口技术复杂度。模型中那部分达到技术升级门限值 C_{SZ}^U 的企业，若选择技术升级且技术升级成功，则其生产率会大幅提高，也会通过产业间及产业内技术溢出效应提高整个产业的生产率。基于出口技术复杂度与企业生产率一脉相承的观点（鲁晓东，2014），本书认为企业出口技术复杂度的深化是根植于企业生产率的提升过程的，两者之间的相互促进、动态提升可以使其更好地应对外部 TPU 的冲击。据此，进一步提出本书的假说 4。

假说 4：贸易伙伴 TPU 上升通过减少企业出口（二元边际）抑制一国产业出口技术复杂度，企业出口在 TPU 与产业出口技术复杂度之间起着重要的中介作用。不同生产率的企业面对贸易伙伴 TPU 上升冲击时是否出口、出口多少以及是否技术升级都会不同。因此，可以说，生产率会调节出口在 TPU 和产业出口技术复杂度之间的中介作用。可见，随着贸易伙伴 TPU 冲击的日益频繁及严重，生产率的高低是企业在出口市场存活的关键，更是一国维持产业出口技术复杂度深化的关键。

二、技术升级与产业出口技术复杂度深化

内生经济增长理论认为生产率是技术的函数，企业要提高生产率就要实现技术升级。现有文献表明影响产业出口技术复杂度的因素很多，其中一个重要的因素就是技术升级，只有通过技术升级才能实现产业出口技术复杂度的长期稳定提升（Lall et al.，2006；裴长洪和刘洪愧，2017）。可见，技术升级对于提高企业生产率和出口技术复杂度都十分重要。但是，企业技术升级作为一个复杂的系统工程，涵盖技术升级投入、成果转化等诸多环节，其成功与否又受到诸多因素的影响（蔡跃洲等，2024；Zhang and Yang，2016）。那么，决定企业技术升级成功与否的关键因素又是什么呢？国内外学者一致

认为技术升级资本投入是决定企业实现技术升级成功与否的关键因素（Hausmann et al.，2007；戴魁早，2018；李亚杰，2019）。大量而持续的技术升级资本积累不仅能保证企业引进先进的机器设备、改造升级生产工艺，还能保证企业培训从业人员、培养创新型人力资本，这些要素对于企业实现技术升级和深化出口技术复杂度至关重要。

随之而来的问题是，这些高生产率的企业为了实现技术升级以应对 TPU 上升对产业出口技术复杂度的冲击，那么应该如何获得大量而持续的技术升级资本积累呢？本书认为企业获得这部分技术升级资本的渠道有两个：一是以出口贸易利得积累为主的直接来源（内源资金）；二是以政府以及社会投资者的资金支持为主的间接来源（外源资金）。

直观来看，达到技术升级门限的高生产率企业其出口贸易利得增加产生的直接收入效应（内源资金）会促进其进行技术升级，并且无论贸易伙伴的 TPU 上升还是下降，这部分企业都会选择技术升级（Bustos，2011）。当贸易伙伴 TPU 不断上升时，企业按照生产率的高低动态地退出出口市场①，生产率最高的企业受到影响最小。正因为如此，高生产率企业可以在长期出口中积累巨额的贸易利得，这些贸易利得是企业进行技术升级直接的资金来源。这部分留在市场上的高生产率企业既有进行技术升级保持技术领先地位的内在要求，也有进行技术升级的外在资金保障。因此，就算贸易伙伴的 TPU 不断上升，达到技术升级门限的"高生产率企业"也会选择技术升级。这与当前全球 TPU 不断上升但研发投入依然迅速增加的现象相符合（韩慧霞和李静，2020；顾夏铭等，2018）。当贸易伙伴 TPU 不断下降时，出口增加带来的贸易利得积累可以直接作为企业技术升级资本使用，这直接缓解了企业技术升级活动所需内源资金的压力，提高了企业的再投资能力。当贸易伙伴 TPU 不断下降时，高生产率企业对未来预期收益的增加更会激励其进行技术升级。因此，可以说，无论贸易伙伴的 TPU 是上升还是下降，达到技术升级

---

① 理论上讲是这样的，也不排除有些企业受到国家政策支持或者产品受到消费者消费惯性影响，如果需求弹性较低，虽然企业生产率不是特别高，但也能存活下来，这里不再具体讨论。

门限的高生产率企业都会选择技术升级，而出口贸易利得是其获得大量而持续的技术升级资本积累的直接来源。

但是这些高生产率企业进行技术升级所需的资本具有高投入性，大部分选择技术升级的企业都会面临内源资金不足的压力，寻求外源资金的支持则是这些企业获得大量而持续的技术升级资本积累的另一个渠道。能否获得以及获得多少外源资金主要依赖于高生产率企业向外界释放的与其技术创新能力、研发优势以及发展前景等有关的信息，外源资金支持者依据这些信息决定是否提供以及提供多少资金支持。高生产率企业积累的"大量贸易利得"以及"技术升级计划"会向外界传达有利信号，高生产率企业通过向外部释放积极信号吸引外部投资者进行投资，从而获得更多外援技术资金支持。

新古典经济学认为企业技术升级产生的外部性（技术升级产生的技术性知识和信息的外部性）和高风险性导致的"市场失灵"需要政府的干预和介入，这也是国家创新政策和产业政策运用的理论基础。现实中，政府创新补助也是各国实施创新产业政策的主要政策手段之一。因此，政府创新补助也是企业获得技术升级资本的外源资金之一。除此之外，金融机构、创投公司、战略投资者等外部投资者的支持也是企业的主要外源资金（郭玥，2018）。此外，TPU 下降引致的出口扩大还有利于拓宽企业的融资市场，使企业由单一的国内市场融资转变为国内与国际市场融资并举的有利局面，从而增加企业的融资总量（Tornell and Westermann，2003；邵帅和辛晴，2015）。

综上所述，对于受到贸易伙伴 TPU 冲击存活下来且达到技术升级门限的高生产率企业，其进行技术升级所需的大量而持续的技术升级资本包括企业自身贸易利得的积累（直接来源：内源资金）以及政府、社会投资者的资金支持（间接来源：外源资金）两部分。技术升级资本既是这些高生产率的企业实现技术升级应对 TPU 冲击深化产业出口技术复杂度的保证，也是一国整个产业出口技术复杂度持续深化的保证。下面进一步从微观角度讨论各资金支持主体的决策流程。设其技术升级所需的资金总额为 I，且企业、政府及社会投资者都是风险中立者。假设企业积累的总财富中可以用于技术升级的

资金为 R_0，但这并足以支撑技术升级，即 $R_0 \leqslant I$。企业为顺利进行技术升级只能寻求外源资金。

根据其技术升级能力将这部分决定实施技术升级的企业集分为高能力 H 和低能力 L 两种类型。假设外部投资者无法准确识别企业技术升级能力到底是 H 型还是 L 型，只知道 H 型企业的份额为 β_1，L 型企业的份额为（$1 - \beta_1$）。H 型企业技术升级成功的概率为 $\tilde{p}_H$，获得的收益为 R_H；L 型企业技术升级成功的概率为 $\tilde{p}_L$，获得的收益 R_L。此时，外部投资者的先验概率为 $\tilde{p} = \beta_1 \tilde{p}_H + （1 - \beta_2）\tilde{p}_L$。显然有 $\tilde{p}_H > \tilde{p}_L$，$R_H > R_L$，即技术升级能力强的企业获得成功的概率更大，技术升级成功后的企业能更好地应对贸易伙伴 TPU 的冲击，继续保持较高的贸易利得，投资者获得的收益也更多。企业将获得的收益按照事先的合同约定分给投资者，设总收益为 $R_i = R_i^E + R_i^F$，其中，R_i^E 为企业获得的收益，R_i^F 为外部投资者获得的收益，其中，$i \in \{H, L\}$。

当企业的内源资金不足以进行技术升级时，企业会寻求外源资金。假设企业决定向政府申请技术升级资金 F_G，这部分资金虽然无须偿还但是有一定的申请成本 C_i^G，如企业进行系统信息填报的资金和时间成本、企业技术外泄的风险成本以及为了申请成功虚假引入研发成员伪造技术能力的成本等，且 $C_H^G \leqslant C_L^G \leqslant F_G$。技术升级能力低的 L 型企业为了获得政府补助花在申请上的成本更高，但不会高于获得的政府补助。此时，企业从政府方面获得的资金支持为（$F_G - C_i^G$）。设企业从社会投资者筹得的升级资本为 F_S，则企业获得外源资金（间接来源）总额可以表示为 $F = （F_G - C_i^G）+ F_S$。此时，企业技术升级资本的预算约束为：

$$\tilde{p}_i R_i^E \geqslant R_0 \tag{3.26}$$

假设技术升级能力低的 L 型企业为了获得更多的外源资本会承诺给投资者更高的收益回报，即：

$$R_L^F \geqslant R_H^F \tag{3.27}$$

外部投资者参与的约束为：

$$\tilde{p}R_i^F \geqslant F \tag{3.28}$$

由此可得有外部投资者支持情形下的企业技术升级资本投入 I 的上下限为：

$$R_0 \leqslant I \leqslant \tilde{I} = R_0 + (F_G - C_i^G) + F_S + \tilde{p}\left(R_H - \frac{R_0}{\tilde{p}_H}\right) \tag{3.29}$$

其中，I 的下限说明达到技术升级门限值的高生产率企业获得的技术升级资本至少为自身积累的总财富中用于技术升级的资金 R_0；I 的上限说明高生产率企业的确可以通过收入效应和信号效应获得大量而持续的技术升级资本投入，其中，外源资金部分为 $(F_G - C_i^G) + F_S + \tilde{p}\left(R_H - \frac{R_0}{\tilde{p}_H}\right)$。可见，为了实现技术升级应对贸易伙伴 TPU 上升对产业技术复杂度的冲击，达到技术升级门限值的高生产率企业通过内源资金（直接来源）与外源资金（间接来源）等多元化资金支持链获得了大量而持续的技术升级资本投入。技术升级资本投入作为决定企业实现技术升级成功与否的关键因素，也是提升一国高技术产业出口技术复杂度的关键（Hausmann et al.，2007；戴魁早，2018；李亚杰，2019）。图3.2可以更直观地展示上述思想。

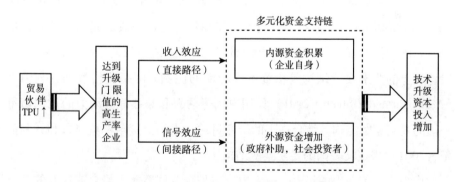

图 3.2　TPU 与技术升级资本投入关系

上述分析表明，随着贸易伙伴 TPU 的不断上升，只有高生产率的企业才能存活下来并有条件（通过多元化资金链获得了大量技术升级资本）进行技术升级。这与比斯托（2011）的观点一致，他通过分析贸易自由化对企业技术升级的影响发现只有高生产率企业才会进行技术创新及技术升级。这也说明进行技术升级是高生产率企业应对 TPU 冲击维持自身地位的最优选择，只有通过技术升级才能实现产业出口技术复杂度的长期稳定提升（Lall et al.，2006；裴长洪和刘洪愧，2017）。基于以上分析，提出本书的假说 5。

假说 5：对于达到技术升级门限的高生产率企业来说，进行技术升级是其应对贸易伙伴 TPU 冲击深化出口技术复杂度的必然选择。高生产率企业可以通过自身贸易利得积累（收入效应）、政府补助以及社会融资（信号效应）等多元化资金支持链获得大量且持续的技术升级资本。这是决定企业技术升级成功与否的第一步，也是深化一国产业出口技术复杂度的关键步骤之一。

三、人力资本形成与产业出口技术复杂度深化

技术是特定要素投入组合所专有的。从国家的角度出发，一国的技术结构必须和本国的要素禀赋结构相匹配，一个国家的技术结构是内生于这个国家的要素禀赋结构的，其技术的动态提升与这个国家要素禀赋结构的升级密不可分（Atkinson and Stiglitz，1969；Basu and Weil，1998；Acemoglu and Zilibotti，2001）。马克思在考察技术进步和资本有机构成之间的关系时也指出，一国的技术进步与其要素禀赋结构相关（王艺明和刘一鸣，2018）。一般意义上的要素禀赋结构是指资本和劳动的比例，阿塞莫格鲁和齐利伯蒂（Acemoglu and Zilibotti，2001）使用熟练劳动力和非熟练劳动力的比例衡量一国的要素禀赋结构。结合本书的研究目的，本书借鉴阿塞莫格鲁和齐利伯蒂（2001）来定义一国的要素禀赋结构。

作为熟练劳动力的代表——人力资本是企业创新能力培育或提升的核心要素，是推动企业技术进步的原始动力，是企业技术升级不可或缺的重要资源。尤其是高素质的人力资本，他们的生产配置能力、技术创新能力与吸收能力更强，对企业技术升级和生产率的提升贡献更大（Nelson and Phelps，1966；胡永远和刘智勇，2004；黄燕萍等，2013；刘智勇等，2018）。对任

何一国而言，高层次人力资本的深化与生产率的提升存在循环累积的规律。对于人力资本层次较低的大多数发展中国家而言，其生产效率提升速度就比较慢（袁富华等，2015）。一个国家熟练劳动力（人力资本）所占的比重越高，创新型人力资本比重也就越高，人力资本结构就越高级，就越能促进一国高技术产业整体生产率的提高。鲁晓东（2014）指出，企业出口技术复杂度的提高是植根于企业生产率的提升过程的，基于两者一脉相承的观点可以得出人力资本结构升级会通过提升企业生产率深化出口技术复杂度。因此，如果说获得巨额而持续的技术升级资本是达到技术升级门限的高生产率企业技术升级成功的一个关键问题，认识和理解人力资本结构升级的形成机制则是这些企业技术升级成功的另一个关键问题。

假说 5 表明，随着贸易伙伴 TPU 的不断上升，只有高生产率的企业才能存活下来并进行技术升级，其生产率高于社会平均的生产率和技术水平，它们代表着现有生产力的最高水平。然而，对不同的经济体而言，社会中现有劳动力总量、非熟练劳动力与熟练劳动力总量、人力资本总量和质量等要素禀赋均是不同的。因此，对处于不同经济体选择技术升级的企业而言，在获得大量技术升级资本投入以后能否依据自身异质的要素禀赋使用这些资本则是技术升级能否成功的另一个关键问题。下面从更微观层面深入企业内部对企业资本使用的"黑匣子"进行破解。本节具体位置以及本节与上文的关系如图 3.3 所示。

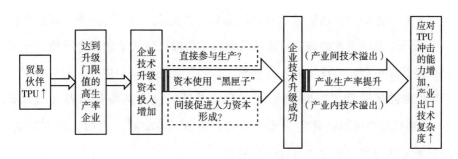

图 3.3　TPU、技术升级及其资本使用关系

在上面分析中本书沿用梅利茨（2003）的假定，即企业生产需要资本 K

和劳动 L 两种要素，并且假设劳动力同质。为进一步研究的需要，参考李成友等（2018）观点，本书放弃企业劳动力同质假设，假设企业拥有的劳动力存在异质性，即市场中普遍存在非熟练劳动力和熟练劳动力。企业生产决策所面临的要素约束为非熟练劳动力、熟练劳动力和资本三种类型。其中，熟练劳动力（人力资本）具有更强的技术吸收能力及技术创新能力，其数量的增加对企业生产率提高的贡献更大。按照要素禀赋理论，一国要素禀赋结构的升级必然会引起一国的技术升级和进步。可以发现，当企业将一部分技术升级资本用于培训从业人员、培养创新型人力资本时可以将非熟练劳动力转化为熟练劳动力。并且熟练劳动力和非熟练劳动力的工资差距会对人力资本结构升级产生显著的激励效应，这也要求将企业的部分技术升级资本转化为人力资本"迂回"参与生产（李成友等，2018）。随着企业技术升级资本间接参与生产的数量逐渐增加，更多的非熟练劳动力将被培养成熟练劳动力，一国的人力资本向高级状态演化。

假设熟练劳动力的形成有利于提高整个社会的要素收益率，受到 TPU 冲击的当期社会中存在的资本数量、非熟练劳动力和熟练劳动力的数量分别为 K、L_l、L_h，则此时要素总收益可以表示为：

$$TR_1 = \omega_k K + \omega_{ll} L_l + \omega_{hl} L_h \tag{3.30}$$

其中，ω_k 表示资本收益率，也代表技术升级资本的机会成本；ω_{ll}、ω_{hl} 分别表示非熟练劳动力和熟练劳动力的收益率，也表示工资。若在下一期达到技术升级门限值的企业准备进行技术升级，并假设比例为 ξ 的技术升级资本不再直接参加生产，而转化为人力资本"迂回"地间接参与生产。同时假定一单位的非熟练劳动力需要投入 k^* 的资本才能转换为熟练劳动力（人力资本），则社会中可以转化的非熟练劳动力为 $\Delta L = \xi K / k^*$。此时，资本数量、非熟练劳动力和熟练劳动力数量分别为：

$$K_2 = K - \xi K, L_{l2} = L_l - \xi K / k^*, L_{h2} = L_h + \xi K / k^* \tag{3.31}$$

则社会中要素总收益为：

$$TR_2 = \omega_k K_2 + \omega_{l2} L_{l2} + \omega_{h2} L_{h2} \tag{3.32}$$

由于熟练劳动力的形成有利于整个社会要素收益率的提升，所以有 $TR_2 - TR_1 \geq 0$，进一步变形得到：

$$\xi \leq f(\omega_k, k^*, \omega_{l1}, \omega_{l2}, \omega_{h1}, \omega_{h2}) = \frac{(\omega_{l2} - \omega_{l1})L_1 + (\omega_{h2} - \omega_{h1})L_h}{\omega_k k^* + \omega_{l2} - \omega_{h2}} \cdot \frac{k^*}{K}$$

$$\tag{3.33}$$

可以看出，技术升级资本间接参与生产的比例 ξ 的大小主要取决于资本收益率 ω_k、社会中非熟练劳动力和熟练劳动力的工资水平（ω_{l1}，ω_{l2}，ω_{h1}，ω_{h2}）以及将一单位的非熟练劳动力装备成熟练劳动力的资本投入 k^*。对于不同发展程度的经济体而言，资本收益率、非熟练劳动力和熟练劳动力的工资水平以及将一单位的非熟练劳动力装备成熟练劳动力的资本投入都是不同的。

首先，随着一国经济发展水平的不断提高，居民会将更少的收入比例用于消费，而将更多的收入比例用于储蓄，所以该国的资本存量与该国经济的发展成正比（佟家栋，2000）。也正因为如此，发达经济体的资本存量要大于不发达经济体的资本存量。所以，对于不同发展程度经济体，资本收益率 ω_k 是不同的。

其次，从动态的角度看，经济发展过程中劳动力的自然增长会呈现出倒"U"型态势。也就是说，随着一国经济的发展，社会中劳动力的数量表现出开始增长较慢，然后增长加快，最后到经济发达阶段劳动增长速度重新放慢的特征（佟家栋，2000）。因此，对不同发展程度的经济体而言，非熟练劳动力和熟练劳动力的供给数量是不同的，不发达经济体劳动力结构的特征是不熟练劳动力占比较大，熟练劳动力占比较小，发达经济体则相反。从两类经济体的长期发展经验来看，发达经济体通过巨额的研发投入与持续的技术创新能力提升，已经积累了大量熟练劳动力，人力资本禀赋结构相对高级；而不发达经济体则由于研发投入匮乏、创新能力不足等使得熟练劳动力的比重和数量都较低，人力资本禀赋结构相对低级。所以，对于不同发展程度的经济体，非熟练劳动力和熟练劳动力的供给数量以及工资水平是不同的。

最后，对于不同经济体的非熟练劳动力而言，将其装备成熟练劳动力（人力资本）的资本投入是不同的。当社会中非熟练技能劳动力供给充裕，处于完全富有弹性状态时，将其装备成熟练劳动力的资本投入的是很低的（李成友等，2018）。而随着经济不断发展和产业向高级化不断演进，社会中在职培训、教育和健康投资越来越多，越来越多的非熟练劳动力掌握了专业技能变成了熟练劳动力，也就是转化成了人力资本。此时，社会中非熟练劳动力不再是供给充裕的资源，非熟练劳动力的工资水平会随之上升，这意味着将非熟练劳动力转化为人力资本的机会成本变高。因此，对于不同经济体而言，由于后备劳动力不同，将非熟练劳动力装备成人力资本的资本投入是不同的，甚至同一经济体的不同时期也是动态变化的。以我国为例，长期的人口红利已经消失，劳动力人口连续下降的局面已经到来，人力资本结构优化进程也更加严峻。

综上所述，对处于不同经济发展阶段的企业而言，资本收益率、社会中非熟练劳动力和熟练劳动力的工资水平以及将一单位的非熟练劳动力装备成熟练劳动力的资本投入都不同，因此，达到生产率门限且准备就进行技术升级的企业将技术升级资本用于人力资本转换的最大比例是不同的。不过，对所有达到技术升级门限值且进行技术升级的企业来说，只要其技术升级资本间接参与生产的比例 ξ 增加，就有利于社会中各类劳动力在职培训、教育和健康投资、经验积累以及"干中学"的常态化，从多期决策来看，就有利于实现人力资本积累以及人力资本结构高级化（Topel，1999；Slaughter，2004；王弟海等，2015；邵宜航和徐菁，2017；张宗新和姚佩怡，2017；李成友等，2018）。随着企业人力资本结构不断高级化，企业的生产配置能力、技术创新能力与吸收能力会更强，对企业技术升级和生产率的提升贡献也会更大，也更能促进一国产业出口技术复杂度的深化（Rauch，1993；陈晓光，2005）。因此，长期来看，对于面对贸易伙伴 TPU 的冲击进行技术升级的高生产率企业而言，能否依据自身的要素禀赋情况将部分技术升级资本转化为人力资本成功完成"惊险的跳跃"是产业出口技术复杂度长期深化的另一个关键问题。基于以上分析，提出本书的假说6。

假说6：为了应对贸易伙伴 TPU 冲击提升出口技术复杂度而选择技术升级的高生产率企业在获得大量技术升级资本以后能否依据自身的要素禀赋情况将部分技术升级资本转化为人力资本成功完成"惊险的跳跃"则是实现技术升级成功的第二步。相应地，企业在致力于技术升级深化出口技术复杂度的过程中也间接促进了本国人力资本结构的高级化。

第三节　本章小结

出口技术复杂度自豪斯曼和罗德里克（2003）提出以来就成为贸易领域研究的热点，但针对 TPU 如何影响出口技术复杂度的理论和实证研究还尚属空白。本章基于梅利茨（2003）的理论分析框架，并借鉴汉德利和利茂（2013）、比斯托（2011）和布卢姆（2007）的思路首次构建了一个能容纳主要事实和重要因素的分析框架，并通过严格而细致的数理模型推导出了贸易伙伴 TPU 变化对一国产业出口技术复杂度的影响：贸易伙伴 TPU 的下降会促进一国产业出口技术复杂度的提升，贸易伙伴 TPU 的上升会抑制一国产业出口技术复杂度的提升。由于模型研究的对象是国内特定行业的大量优质企业，而高技术企业就属于这样的行业，因此，模型得出的结论适合所有高技术行业。

理论模型沿用汉德利和利茂（2013）的假设——企业既进行沉没成本投资进入外国市场，也投入边际成本以升级其技术，由此得出贸易伙伴 TPU 下降既会吸引新企业进入产生新的出口，也会激励现有出口企业进行技术升级增加出口，这两种途径（出口二元边际）是深化一国高技术产业出口技术复杂度的重要渠道。具体路径可以表述为：随着贸易伙伴 TPU 的下降，关税上升为关税上限的可能性下降，企业进入门限值降低，达到进入门限的企业数量增加，企业出口增加；同时，随着贸易伙伴 TPU 的下降，企业技术升级门限值降低，达到升级门限的企业数量增加，进行技术升级的企业增加。

理论模型还得出不同生产率的企业在面对贸易伙伴 TPU 冲击时对"是否出口、出口多少以及是否进行技术升级"会有不同的选择，生产率会调节出口在 TPU 和产业出口技术复杂度之间的作用。可以说，达到技术升级门限值的高生产率企业能否升级成功是整个产业应对贸易伙伴 TPU 冲击深化出口技术复杂度的主力军。为了应对下一轮贸易伙伴 TPU 冲击以及保持市场地位，市场上存活的高生产率企业会选择技术升级，一旦技术升级成功，企业的生产率就会提高。基于企业出口技术复杂度与企业生产率一脉相承的观点（鲁晓东，2014），可以说，生产率高低是各经济体应对贸易伙伴 TPU 冲击深化产业出口技术复杂度的关键。

理论模型沿着这一思路进一步得出决定高生产率企业技术升级成功的关键因素是技术升级资本积累和人力资本结构高级化。具体而言，这部分企业进行技术升级的第一步是通过自身贸易利得积累（收入效应）、政府补助以及社会融资（信号效应）等多元化融资渠道获得巨额而持续的技术升级资本，而企业能否依据自身要素禀赋将部分技术升级资本转化为高级人力资本完成"惊险的跳跃"则是企业技术升级成功的第二步。

本章结论说明 TPU 的上升会对市场进行洗牌，倒逼达到技术升级门限值的高生产率企业进行技术升级，即 TPU 的上升促进了高生产率企业的技术升级。但这并不意味着本书认为 TPU 的下降不利于企业技术升级，事实上，本书支持大多数文献的结论：TPU 的降低有利于企业技术升级和创新，TPU 的上升不利于企业技术升级和创新（佟家栋和李胜旗，2015；徐卫章和李胜旗，2016；Handley et al.，2018）。只是本书的结论更进一步地认为 TPU 的降低有利于整体企业的技术创新，而 TPU 上升不利于促进整体企业技术创新，只能倒逼一部分高生产率企业技术创新。如果从创新引起的全球技术进步幅度来看，本书依然认为 TPU 下降带来的所有企业的创新更有利于全球技术进步以及高技术产业出口技术复杂度的深化。

TPU 产生的现实背景、测度框架
与特征事实刻画

实证研究既是对理论机制的检验，也是发现新理论机制的事实基础。本书第三章使用理论模型分析了贸易伙伴 TPU 变动影响一国高技术产业出口技术复杂度的理论机制，接下来第四章、第五章以及第六章将对理论机制进行实证检验。本章首先从大国博弈以及全球不确定"黑天鹅"事件冲击的视角分析 TPU 产生的现实背景；其次构建高技术产业出口技术复杂度及 TPU 的测度框架，得到 96 个样本经济体 1995~2020 年的高技术产业及其细分行业的出口技术复杂度以及各经济体的 TPU 数据；再次对全球高技术产业出口技术复杂度的动态演变做一个系统梳理，并以此为背景对中国高技术产业出口技术复杂度的整体演变状况进行探底定位；最后对贸易伙伴 TPU 影响高技术产业出口技术复杂度的特征性事实进行展示。

第一节　TPU 产生的现实背景

一、大国博弈——中美贸易摩擦

从百年历史演变来看，19 世纪末 20 世纪初的英美关系、20 世纪 80 年代的美日关系以及当前的美中关系均属于典型的守成大国对新兴崛起大国的天然或者有意压制。而当前百年变局中大国之间的博弈及其产生的"多米诺骨牌效应"是 TPU 变化的一个重要现实背景。鉴于中美关系错综复杂且影响广泛，下面以中美两国之间的贸易摩擦为例说明 TPU 变化的现实背景。

（一）中美贸易摩擦的不确定性的逻辑分析

根据笔者的观察，美方内部阵营的差异存在时间久、来源复杂至少可以从以下三个维度来理解。

第一，对最优经济发展模式的不同看法。长期以来，学界、政界长期以来对发展中国家应如何进行经济转型有不同的看法。一种看法认为，只要发展中国家全面复制发达国家（如美国）的政治、经济制度，在经济政策方面推行快速国企私有化、贸易投资自由化，那么这些国家的经济就能逐渐追赶上发达国家；另一种看法认为，在经济转型的过程中，政府的指导和干预在工业发展初级阶段的保护措施必不可少，可以更好地保证经济的平稳发展和社会的长期稳定。这两种看法的分歧在理论上可以追溯到新古典主义和新凯恩斯主义之争，而在实践中则逐渐演变成所谓的华盛顿共识和北京共识的辩论。这种分歧也影响了美国学界、政界如何看待中国的经济发展模式——一个阵营反对中国政府的产业政策、不满国企改革过慢，而另一个阵营则对相关政策持更加积极的态度，理解中国实行的渐进式存量改革的做法。

第二，对中国经济长期发展走势的不同预期。过去三十年里，美国主流的声音是，随着全球化的大潮和中国经济的逐渐开放，中国经济会不可避免地融入全球贸易和资本链。在这个过程中，美国企业因竞争力较强、民众技能水平较高，将受益匪浅，这无疑是互惠双赢的局面。但是，另一种声音也一直存在，即全球化会损害美国的低技能、低教育阶层的利益。中国蓝领阶层的体量大、成本低，相对其他类似的国家（如墨西哥、越南），会更突出地导致美国的低端工作机会流失。而中国的发展也会逐渐损害美国高端制造业的全球竞争力。因此，中国经济的崛起给美国带来的不是繁荣机会，而是长期损失。

第三，应对中国的不同政策主张。对于中国经济转型应该是外生还是内生，美国内部也长期存在两种不同的观点。一种观点认为，美国政府应从外部推动中国经济向美国最有利的方向前进。在此过程中，需要强硬地使用经济或者政策手段来施加压力，甚至不惜与中国正面对抗。类似的政策也是美国对待其他转型中的发展中国家的传统做法，包括此前在救助发展中国家经济危机时附加的各种强制性、前提性的政治经济改革条件等。美国内部另一种观点则认为，中国与其他发展中国家不一样，经济体量大、文化迥异、经济结构复杂。因此，更好的方法是保持接触、耐心沟通，在求同存异中推动中国经济能自主地走上持续繁荣的道路。在此过程中释放的善意也最终能够转化为美国经济的收益。一味地对华强硬反而会使得中国成为其长期头痛的问题，可谓得不偿失。

从以上三个维度可以看出，同样是为了维护美国利益优先，对于如何看待中国经济的发展模式以及如何与中国打交道，美国内部存在意识形态、诉求和对策迥异的各种声音。具体来说，国家产业政策还是私企自由竞争、协商共赢还是美国利益至上、激进式变革还是渐进式进步、耐心接触还是强硬施压，美国各级政府内部各方在这些对华问题上的辩论始终没有停息。某种看法或许会在某些时点占上风，但从长期来看，往往呈周期性的反复。

也正因为如此，只要美国国内政治对立和真实政治现象不改变，未来因中美在贸易、金融、投资、科技等方面的摩擦和争端造成的政策不确定性将不可避免地常态化、长期化。

（二）基于层次分析法的中美贸易摩擦预期不确定性分析

这里将上述逻辑分析得出的 TPU 的常态化、长期化再做一次深入解剖，采用层次分析法确定 5 个评价标准的权重，再将每个不确定情景 5 个标准的得分分别乘以其相应的权重后求和，进而得出每个不确定情景的权重。

首先，构造判断矩阵。判断矩阵表示不同评估标准两两比较得到相对重要程度的数值。不可察觉性对不可逆转性的相对重要程度的取值范围为 1～9，1 表示 i 指标与 j 指标一样重要，3 表示 i 指标比 j 指标稍微重要，5 表示 i 指标比 j 指标重要，7 表示 i 指标比 j 指标比较重要，9 表示 i 指标比 j 指标绝对重要，2、4、6、8 表示 i 指标与 j 指标的重要性介于上述两个相邻判断尺度的中间值。构造判断矩阵见表 4.1。

表 4.1　　　　　　　　　　　　判断矩阵表

1	6	6	2	8
1/6	1	4	1/2	6
1/6	1/4	1	1/5	3
1/2	2	5	1	7
1/8	1/6	1/3	1/7	1

由于在采用专家打分法得出判断矩阵时不可能完全排除专家主观认识的隐性影响，为保证判断矩阵数据逻辑的科学性和合理性，必须对判断矩阵进行一致性检验。估计误差会导致判断矩阵特征值的偏差，因此，可根据偏差值来定义一致性指标。设判断矩阵的最大特征值为 λ_{max}，阶数为 n，则相容性指标可表示为 $CI = (\lambda_{max} - n)/(n-1)$。计算可得 $\lambda_{max} = 5.293$、$n = 5$、$CI = 0.073$。定义一致性指标 $CR = CI/RI$，若一致性指标 $CR < 0.10$，则认为判断矩阵的一致性可以接受，权重向量具有较强客观性。查表可知，$n = 5$ 对应 $RI = 1.12$，$CI = 0.073 < 0.10$，表明 7 个风险评价标准的权重通过一致性检验。最终，通过专家打分的分值计算出了每个评价标准对应的权重，具体分值见表 4.2。

表 4.2　　　　　　　　　　　不确定因素权重表

代码	F1	F2	F3	F4	F5
因素	总统自身	美对华气氛	美总统竞选承诺	中美政治社会关系	美党派关系
权重	0.351	0.372	0.419	0.393	0.345

（三）基于贝叶斯决策的量化

本阶段通过贝叶斯概率公式对中美贸易战中不确定性预期进行量化过滤。以经验资料为基础，合理设定风险的先验概率，然后利用贝叶斯公式量化计算出后验概率，并用后验概率修正先验概率，实现用客观证据测度风险概率的目标。

设 A 和 E 是两个随机变量，A_i（i = 1，2，…，7）表示第 i 个不确定性情景，E_i 表示第 i 个不确定性情景的相关证据。若不考虑相关证据，则 $P(A_i)$ 表示第 i 个不确定性情景发生的先验概率；$P(\overline{A_i})$ 表示第 i 个不确定性情景不发生的先验概率；$P(E_i/A_i)$ 表示在不确定性情景发生的条件下能找到相关证据的概率；$P(E_i/\overline{A_i})$ 在不确定性情景没有发生的条件下能找到相关证据的概率；$P(E_i)$ 表示能找到不确定性 i 相关证据的概率；$P(A_i/E_i)$ 表示第 i 个不确定性情景的后验概率，它考虑了不确定性情景 i 的相关证据，是对先验概率 $P(A_i)$ 的修正，也是对不确定性 i 更准确地估计。贝叶斯公式中计算公式为：

$$P(E_i) = P(A_i)P(E_i/A_i) + P(\overline{A_i})P(E_i/\overline{A_i}) \tag{4.1}$$

$$P(A_i/E_i) = P(A_i)P(E_i/A_i)/[P(A_i)P(E_i/A_i) + P(\overline{A_i})P(E_i/\overline{A_i})] \tag{4.2}$$

根据相关经验数据可以得到 $P(A_i) = 0.45$、$P(\overline{A_i}) = 0.55$、$P(E_i/A_i) = 0.4$、$P(E_i/\overline{A_i}) = 0.6$、$P(E_i) = 0.45 \times 0.4 + 0.55 \times 0.6 = 0.51$、$P(A_i/E_i) = 0.45 \times 0.4/0.51 = 0.353$。这里采用同样的方法对这 5 种不确定情景的后验概率进行计算，计算结果见表 4.3。

表 4.3　　　　　　　　　　　　贝叶斯概率统计表

概率不确定因素	总统自身	美对华气氛	美总统竞选承诺	中美政治社会关系	美党派关系
先验概率	0.45	0.76	0.4	0.7	0.4
条件概率	0.4	0.3	0.35	0.4	0.4

续表

概率不确定因素	总统自身	美对华气氛	美总统竞选承诺	中美政治社会关系	美党派关系
全概率	0.51	0.4	0.53	0.46	0.52
后验概率	0.353	0.563	0.264	0.609	0.308

从表4.3可以看出，各不确定性情景的后验概率与先验概率相比普遍有所下降。美国国内对华气氛由0.76下降到0.563，下降幅度最大，其他不确定性的后验概率与先验概率相比下降幅度偏小，而中美两国政治和社会关系由0.7下降到0.609，下降幅度最小。由表中概率可知，中美贸易摩擦面临的不确定性主要是中美两国政治和社会关系、美国国内对华气氛和总统自身因素，而美国总统竞选时的承诺和美国两党派之间的关系在此次中美贸易战中所承担的不确定性占比较小，这个结论和逻辑分析的结论基本吻合。而上述因素的走向又与中美两国实际经济科技力对比变化息息相关——随着中国制造从中低端走向高端，中美贸易从互补走向竞争，美国决策层及对华思想都会发生变化，从而引发更大程度的贸易摩擦。可以预见，在今后一段时间乃至相当长的历史时期，中美关系将依然处于博弈状态，两个大国之间关系的走向也将影响全球TPU的变动（段德忠，2021）。

二、全球不确定"黑天鹅"事件冲击

为了整体上把握TPU的动态演变，下面将本章第二节得出的全球96个经济体1995~2020年各年度的基于关税的TPU数据均值绘制在图4.1中。图4.1中标出了部分"黑天鹅"事件，如亚洲和俄罗斯金融危机、美国"9·11"事件、第二次海湾战争、全球金融危机、欧元危机、美国财政之争等影响全球的重要"黑天鹅"事件的时间节点。可以看到，每次"黑天鹅"事件的冲击都使得全球TPU指数大幅上升，可以认为全球性不确定"黑天鹅"事件冲击是全球TPU变动的另一个现实背景。

这里需要说明一点，本书所选样本时间区间为1995年1月1日~2020

年 12 月 31 日。由于数据更新的限制，图 4.1 仅能显示到 2019 年年底，始于 2020 年年初的新冠疫情以及 2020 年事关美国政治版图的美国大选未能在图中显示。不过，这些事件势必会对全球 TPU 造成重大影响。例如，杨鲁慧（2021）指出，随着新冠疫情持续大流行肆虐，"后疫情时代"的世界将是一个未知且不确定的世界格局。国际货币基金组织（international monetary fund，IMF）2020 年发布的《世界经济展望》预测，世界经济将出现 20 世纪 30 年代大萧条以来最糟糕的局面。2020 年美国大选尘埃落定：拜登当选。学者们指出"拜登时代"将是"没有特朗普的特朗普主义时代"，美国将继续视中国为威胁的基本判断不会改变（倪峰等，2021；周琪，2021；宋静和司乐如，2021）。这一基本判断也意味着中美贸易摩擦还会继续，美国的政策走向将对中国以及全球贸易政策产生重要影响。随着数据支撑平台的更新，可以对这两件事进行讨论，图 4.1 未显示的"黑天鹅"事件的冲击依然会影响全球 TPU 的变动。

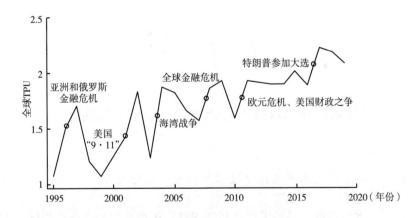

图 4.1　经济体 TPU 变化趋势对比

注：作者根据本章第二节对 TPU 的计算结果绘制。

为了对比分析各年度全球以及不同发展程度的经济体的 TPU 的动态演变情况，下面将 1995～2020 年全球 TPU 均值（96 个）、发达经济体的 TPU 均值（35 个）以及新兴市场经济体的 TPU 均值（61 个）绘制在图 4.2 中。图 4.2 显示三个样本的 TPU 均值几乎呈现出相同的变动的趋势，虽然有升有降，但整体是同步上升的，而且各样本波动的时间节点与图4.2中标注的"黑天鹅"事件冲击相似。

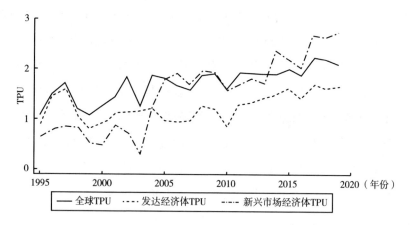

图4.2 不同发展程度经济体 TPU 变化趋势对比

注：作者根据本章第二节对 TPU 的计算结果绘制。

第二节 测度框架构建

一、高技术产业出口技术复杂度的数据来源与测度

（一）测度高技术产业出口技术复杂度的数据来源

出口技术复杂度最早源于迈克利（1984）提出的贸易专业化指标。由于该指标假设出口产品所含技术与该产品出口国的人均收入相关，因此，一国某出口产品的贸易专业化指标等于所有出口国的人均收入的加权平均，权重为各出口国出口该产品的总额占全世界该产品出口总额的绝对比重。豪斯曼等（2005）在贸易专业化指标基础上将其中的"绝对比重"改进为"相对比重"，并提出了出口技术复杂度。以拉尔等（2006）和豪斯曼等（2005）为代表的收入指标法计算出的产业出口技术复杂度意味着产品出口国的收入

水平越高，出口产品的复杂度就越高。与拉尔等（2006）相比，豪斯曼等（2005）的测度方法的优越性在于使用了线性比较优势作为权重，避免了在某些产品上具有比较优势而出口较小的小国被忽视的情况。也正因为如此，豪斯曼等（2005）的测度方法在后来的研究中运用得更为广泛。

由于各国专家和机构对高技术产业的认识不同，国内外文献以及各国对高技术产业的定义也存在差异，因此，实证研究的一项首要任务就是要明确高技术产业的具体内涵及分类，并将所有数据都按照这一分类标准进行重新整理和集结，这也是对高技术产业出口技术复杂度进行度量的起点。1971 年，美国国家科学院首次提出高技术的概念。1984 年，美国学者尼森在其著作《高技术政策的五国比较》中明确指出高新技术产业是进行技术密集型产品研发的产业。美国商务部借鉴其定义指出高技术产业包括两个方面：一是从业人员的专业技术型；二是研发支出占销售额的比值。经济合作和发展组织（Organization for Economic Co-operation and Development, OECD）将高技术产业定义为"R&D 比例高于产业平均水平的产业"。1986 年，我国在《高技术研究发展计划》中首次提出"高技术"的概念。根据国家统计局 2000 年的标准并结合 OECD 的划分方法，我国采用 R&D 强度作为衡量指标，将 R&D 强度为制造业均值 2~3 倍以上的产业定义为高新技术产业。《中国高技术产业统计年鉴 2017》新标准规定高技术产业为 R&D 投入强度相对较高的制造业行业。此外，我们还发现目前国内与高技术相关的有"高技术""高科技""高新技术"等多种称谓，本书将其统称为"高技术"。

各国对高技术产业的不同定义导致对高技术产业的分类也不一样。美国标准产业法将高技术产业分为通信服务业、高技术制造业、软件及计算机三大产业。OECD 将高技术产业划分为五大细分行业：医药制造业、航空航天制造业、电子及通信设备制造业、电子计算机及办公设备制造业、医疗设备及仪器仪表制造业。2002 年，我国国家统计局将高技术产业划分为核材料加工业、信息化学品制造业、医药制造业、航空航天制造业、电子及通信设备制造业、电子计算机及办公设备制造业、医疗设备及仪器仪表制造业、公共软件服务业八大细分行业。为了研究的方便以及使指标具有可比性，国际社会以及大多数文献都采用 OECD 的划分标准。2019 年我国国家统计局发布的《中国高技术产业统计年鉴》也参照 OECD 的分类标准并以《国民经济行业分类》（GB/T 4754—2017）为基础，将高技术产业分为医药制造，航空、航天器与设备制造，电子及通信设备制造，计算机及办公设备制造，医疗仪器设备及仪器仪表制造，信息化学品制造六大细分行业。

为了本书研究的需要，也为了和国际衔接，本书采用 2019 年我国国家统计局发布的《中国高技术产业统计年鉴》中的分类，年鉴指出，"除了信息化学品制造，其他五类内容均可与 OECD 分类标准衔接，能够满足国际比较的需要"。因此，本书研究的高技术产业包括医药制造，航空、航天器与设备制造，电子及通信设备制造，计算机及办公设备制造，医疗仪器设备及仪器仪表制造五大类。这五大类高技术产业按照联合国贸易数据库（SITC Rev. 3）的国际贸易分类统计重新集结，重新集结的标准见附录 1。重新集结之后，最终选取的高技术产品 SITC Rev. 3 分类及目录如表 4.4 所示。

表 4.4　　　　　高技术产业分类对应的 SITC Rev. 3 分类编码

高技术产业分类表编码及名称		对应的 SITC Rev. 3 编码及名称
（01）医药制造业	（011）化学药品制造	（541）Medicinal and pharmaceutical products, excluding 542 （542）Medicaments（incl. veterinary medicaments）
	（012）中药饮片加工	
	（013）中成药生产	
	（014）兽用药品制造	
	（015）生物药品制品制造	
	（016）卫生材料及医药用品制造	
	（017）药用辅料及包装材料	
（02）航空航天器以及设备制造业	（021）飞机制造	（713）Internal combustion piston engines （792）Aircraft and associated equipment
	（022）航天器及运载火箭制造	
	（023）航空、航天相关设备制造	
	（024）其他航空、航天器制造	
	（025）航空航天器修理	

续表

高技术产业分类表编码及名称		对应的 SITC Rev. 3 编码及名称
（03） 电子以及 通信设备 制造业	（031）电子工业专用设备制造	（761）Television receivers （762）Radio – broadcast receivers （763）Sound recorders orreproducers （764）Telecommunications equipment （772）Electrical apparatus for switching or protecting electrical circuits （773）Equipment for distributing electricity （776）Thermionic, cold cathode 、photo – cathode valves、tubes （778）Electrical machinery and apparatus （884）Optical goods
	（032）光纤光缆及锂离子电池制造	
	（033）通信、雷达及配套设备制造	
	（034）广播电视设备制造	
	（035）非专业视听设备制造	
	（036）电子器件制造	
	（037）电子元件、电子材料制造	
	（038）智能消费设备制造	
	（039）其他电子设备制造	
（04） 计算机及 办公设备 制造业	（041）计算机整机制造	（726）Printing and bookbinding machinery, and parts thereof （751）Office machines （752）Automatic data – processing machines and u-nits （759）Parts and accessories suitable for use solely or principally with machines falling within group 751 and 752
	（042）计算机零部件制造	
	（043）计算机外围设备制造	
	（044）工业控制计算机及系统制造	
	（045）信息安全设备制造	
	（046）其他计算机制造	
	（047）办公设备制造	
（05） 医疗仪器 设备以及 仪器仪表 制造业	（051）医疗仪器设备及器械制造	（716）Rotating electric plant （718）Power – generating machinery （771）Electric power machinery （774）Electro – diagnostic appa. for medical sciences （871）Optical instruments and apparatus （872）Instruments for medical treatment （873）Meters and counters （874）Measuring, checking and controlling apparatus （881）Photographic apparatus and equipment
	（052）通用仪器仪表制造	
	（053）专用仪器仪表制造	
	（054）光学仪器制造	
	（055）其他仪器仪表制造业	

注：（1）本书使用的高技术产业（制造业）分类（2017）将高技术产业（制造业）划分为三层，分别用阿拉伯数编码表示。第一层为大类，共有 6 个大类，用 2 位数字表示；第二层为中类，共有 34 个中类，用 3 位数字表示，前两位为大类代码；第三层为小类，共有 85 个小类，用 4 位数字表示，前三位为中类代码。这里限于篇幅，仅提供到第二层，具体可参考《中国高技术产业统计年鉴》。（2）SITC Rev. 3 编码为 885.71（instrument panel clocks and clocks of a similar type, for vehicles, aircraft, spacecraft or vessels）的产品可以归类到（02）航空航天器以及设备制造业；SITC Rev. 3 编码为 899.6（orthopaedic appliances including crutches, surgical belts and trusses；splints and other fracture appliances；artific）的产品可以归类到（05）医疗仪器设备以及仪器仪表制造业，但由于这两种出口产品无法归类到 SITC Rev. 3 行业出口数据产品，因此，本书将其予以删除。另外，拉尔（2000）、盛斌（2002）等对高技术产业的分类也未将这两种产品纳入。

关于经济体的选择，本书根据 IMF 对发达经济体、新兴市场经济体以及低收入发展中经济体的分类，对联合国统计署的商品贸易数据库（SITC Rev.3）提供的 224 个国家和地区进行手工筛选，剔除低收入发展中国家[①]、提交数据不完整的国家以及高技术产业出口低于 10 万美元的国家，最终确定 96 个经济体，其中包括发达经济体 35 个、新兴市场经济体 61 个[②]，时间跨度为 1995～2020 年。长跨度时间面板序列数据（25 年）虽然增加了本书的统计工作，但是可以稀释"统计假象"，提高本书测度结果的准确性，还可以真正实现对高技术产业出口技术复杂度的动态研究。样本所选的经济体在考察期间的出口总额均不低于世界高技术产业出口总额的 80%，显然它们是当代高技术产业国际贸易的核心主体。另外，计算各国高技术产业出口技术复杂度所需的人均 GDP 来自世界银行世界发展指数数据库。

（二）高技术产业出口技术复杂度的测度

本书基于豪斯曼等（2005）对出口技术复杂度的测度方法测度各国高技术产业的出口技术复杂度。首先，测度高技术产业细分行业层面的出口技术复杂度，公式为：

$$\mathrm{PRODY}_{tq} = \sum_{c=1}^{n} \frac{\dfrac{x_{ctq}}{X_{ct}}}{\displaystyle\sum_{c=1}^{n} \dfrac{x_{ctq}}{X_{ct}}} \cdot Y_{ct} \tag{4.3}$$

---

① 通过对低收入发展中国家高技术产业出口总额的统计发现，样本期间其出口所占比例较小，对其进行剔除并不影响下面的分析。

② 35 个发达经济体：澳大利亚、奥地利、比利时、加拿大、中国香港、中国澳门、塞浦路斯、捷克、丹麦、爱沙尼亚、芬兰、法国、德国、希腊、冰岛、爱尔兰、以色列、意大利、日本、韩国、拉脱维亚、立陶宛、卢森堡、马耳他、荷兰、新西兰、挪威、新加坡、斯洛伐克、斯洛文尼亚、西班牙、瑞典、瑞士、英国、美国。

61 个新兴市场经济体：阿尔巴尼亚、阿尔及利亚、阿根廷、亚美尼亚、阿塞拜疆、巴林、巴巴多斯岛、白俄罗斯、波黑、博茨瓦纳、巴西、保加利亚、智利、中国、哥伦比亚、哥斯达黎加、克罗地亚、多米尼加、厄瓜多尔、埃及、萨尔瓦多、斐济、加蓬、格鲁吉亚、危地马拉、几内亚、圭亚那、匈牙利、印度、伊朗、牙买加、约旦、哈萨克斯坦、科威特、黎巴嫩、马来西亚、毛里求斯、墨西哥、摩尔多瓦、摩洛哥、纳米比亚、北马其顿、阿曼、巴基斯坦、巴拿马、秘鲁、菲律宾、波兰、卡塔尔、罗马尼亚、俄罗斯、沙特阿拉伯、南非、泰国、特立尼达和多巴哥、突尼斯、土耳其、乌克兰、阿联酋、乌拉圭、委内瑞拉。

其中，$PRODY_{tq}$ 代表 t 年高技术产业细分行业 q 的出口技术复杂度，代表所有拥有高技术细分行业出口的整体的出口技术复杂度。q 分别代表医药制造（q = 1），航空、航天器与设备制造（q = 2），电子及通信设备制造（q = 3），计算机及办公设备制造与医疗仪器设备（q = 4）及仪器仪表制造（q = 5）五个细分行业，详细数据可根据表 4.4 中 SITC Rev. 3 对应的产业代码和名称在联合国贸易数据库中获得。Y_{ct} 表示 t 年 c 国的人均 GDP。x_{ctq} 表示 c 国 t 年高技术业细分行业 q 的出口额，X_{ct} 表示 c 国 t 年的总出口额。Y_{ct} 前的权重为各国 t 年高技术业细分行业 q 出口的 RCA。全球细分行业的技术复杂度指数按照式（4.4）进行计算就可以得到国家层面的高技术产业细分行业的出口技术复杂度，具体测度公式为：

$$PRODY_{ctq} = \frac{x_{ctq}}{\sum_{q=1}^{5} x_{tq}} \cdot PRODY_{tq} \tag{4.4}$$

其中，$PRODY_{ctq}$ 代表 c 国 t 年高技术细分行业 q 的出口技术复杂度，拥有高技术细分行业出口的整体的出口技术复杂度 $PRODY_{tq}$ 前面的权重，其分母为全球高技术行业的总出口额，整个权重代表 c 国 t 年高技术细分行业 q 的出口占全球高技术行业总出口的比重。接下来计算国家层面高技术产业整体的出口技术复杂度，公式为：

$$PRODY_{ct} = \sum_{q=1}^{5} \frac{x_{ctq}}{\sum_{q=1}^{5} x_{ctq}} \cdot PRODY_{ctq} \tag{4.5}$$

其中，$PRODY_{ct}$ 代表 c 国 t 年高技术产业整体的出口技术复杂度。高技术细分行业 q 的出口技术复杂度 $PRODY_{ctq}$ 前面的权重为 c 国 t 年高技术细分行业 q 占 c 国高技术产业总出口比重的加权平均和。

二、TPU 的数据来源与测度

基于信息不确定性、随机动态优化以及沉淀成本理论，学术界开启了不确定性的理论和实证研究，而 TPU 的研究既引领了不确定性研究的新方向，也开启了贸易政策研究的新章程（龚联梅和钱学锋，2018；余智，2019；余森杰和祝辉煌，2019）。经济学上的不确定性指无法被预测的未来经济环境波动，而 TPU 是指一国贸易政策发生变化的可能性，从不确定的视角可以将其理解为企业或者其他经济活动主体当前无法预测的贸易政策的潜在波动（Handley，2014）。可以说，任何一个潜在的出口商都会对贸易伙伴的贸易政策变动形成预期进而决定自己的出口行为。

如何对 TPU 这个抽象概念进行识别和有效度量是所有理论和实证研究的起点和重点（Rodrik，1991；余智，2019）。通过文献梳理发现，目前较为广泛的测度 TPU 的方法有三种：涵盖政治经济冲击、使用文本提取法计算的基于新闻的 TPU 指数（Baker et al.，2016）；使用差分法计算的基于关税的 TPU 指数（Groppo and Piermartini，2014；Handley and Limão，2013）；基于"关税回音理论"的非关税壁垒识别法（Meredith et al.，2018）。其中，贝克等（2016）基于新闻的 TPU 指数可以在相关网站上直接获取，但是该网站仅提供了美国、日本以及中国三个国家的 TPU 数据。如果按照该网站提供的文本提取法计算其他国家的 TPU，工作量又较大。因此，该方法在实证研究上有一定的局限性。而基于关税的 TPU 度量方法假设关税是 TPU 的唯一潜在根源，关税波动也被视为诠释 TPU 的最合适指标，并且使用该方法计算 TPU 仅需要各国的关税数据，因此，该方法在实证研究中更具普适性。基于关税法度量的 TPU 又以汉德利和利茂（2013）和格罗波和皮尔马尔丁（Groppo and Piermartin，2014）为代表。其中汉德利和利茂（2013）对 TPU 的度量公式为：

$$\text{TPU} = 1 - \left(\frac{1 + \tau_{\text{关税上限}}}{1 + \tau_{\text{当前应用关税}}} \right)^{-\sigma} \tag{4.6}$$

其中，进口替代弹性 σ 的取值区间为 [2，3]。格罗波和皮尔马尔丁（2014）对 TPU 的度量公式为：

$$\text{TPU} = \begin{cases} \tau_{\text{关税上限}} - \tau_{\text{当前应用关税}}，\text{WTO 成员方} \\ \max(\tau_{\text{关税上限}} - \tau_{\text{当前应用关税}})，\text{双边或多边贸易协定成员方} \end{cases} \tag{4.7}$$

第三种基于"关税回音理论"的非关税壁垒识别法（Meredith et al.，2018）可以测度基于非关税壁垒的 TPU，具体使用一国出口企业在上一期、任一出口市场是否被贸易伙伴"发起"技术性贸易壁垒作为虚拟变量来衡量 TPU（若遭受取 1，否则取 0）。之所以选取技术性贸易壁垒是因为当前以技术壁垒为核心的新贸易壁垒正成为各国对外贸易尤其是高技术产业发展的最大障碍[①]，技术性贸易措施与汇率、关税一起成为影响国际贸易发展的三大"阻拦索"。尤其是近几年，随着主要发达国家增长乏力，贸易保护主义甚嚣尘上以及传统贸易壁垒的弱化使得发达经济体纷纷寻求新贸易壁垒以保护其国内产业，可见，技术性贸易壁垒的不断强化是国际经济、社会、科技不断发展的产物。孔哲礼等（2020）指出，随着全球关税下降带来的贸易保护功能的弱化，发达经济体近年来更倾向于采取技术性贸易措施，并且技术性贸易措施更容易出现在大国之间。

以上对三种度量 TPU 的方法做了简要介绍。谢波提洛和斯塔卡茨（Shepotylo and Stuckatz，2017）指出，在研究国内外政治经济冲击所带来的 TPU 时，学者们大都选择基于新闻的 TPU 指数，而在关于关税政策带来的 TPU 问题上，如关税政策波动对出口的影响，学者们大多选择的是关税测量法。而本书研究的 TPU 对高技术产业出口技术复杂度的影响即是各种外部冲击引起的关税变动对出口的影响。因此，本书选取基于关税的 TPU 衡量贸易政策的变动。此外，由于本书选用的样本国（地区）并不完全是 WTO 成员方，也并非都为双边和多边贸易协定国（地区），因此选用汉德利和利茂（2013）的方法进行 TPU 度量，并取 $\sigma = 2$。有学者指出，基于关税的 TPU 的各种计算方法，实质上是基于不同的研究背景对关税上限和当前应用关税差额进行的形式各样的技术调整，即关税测量法的核心就是计算当前应用关税逆转为关税上限的概率和幅度。因此，本书首先确定关税上限，其次计算 TPU。书中关税上限采用最惠国关税（most favored nation tariff，MFN），当前应用关税

---

① 与此相对应，传统贸易壁垒指的是关税壁垒以及高关税、配额、许可证、反倾销和反补贴等传统的非关税壁垒（孙林和邵宏华，2002）。

采用实际应用关税（practical application tariffs，PAT）。其中，计算 96 个样本经济体 1995 ~ 2020 年的 TPU 所需的原始关税数据来自世界银行的 WITS 数据库。

第三节 高技术产业出口技术复杂度的特征事实

一、全球高技术产业出口技术复杂度的动态演变

为了整体上把握高技术产业出口技术复杂度的动态演变，本节将本章第一节得出的全球 96 个经济体 1995 ~ 2020 年的高技术产业出口技术复杂度均值绘制在图 4.3 中。图 4.3 显示考察期内样本经济体整体的高技术产业出口技术复杂度呈现出曲折快速的上升趋势。数据显示，考察期内样本国的高技术产业出口技术复杂度由 1995 年的 135438.93 美元增长至 2019 年的 190842.39 美元，增长了 1.41 倍，年均增长率为 1.64%。

图 4.3 还显示样本经济体高技术产业整体的出口技术复杂度在 1998 年、2008 年、2010 年、2015 年经历了较大起伏，结合这些年份发现其起伏和全球遭遇的"黑天鹅"事件相吻合。如 1997 年亚洲金融危机、2008 年全球金融危机、2010 年的欧债危机、2016 年特朗普参加美国总统大选等"黑天鹅"事件对国际贸易和全球经济都带来了不同程度的冲击，国际贸易和全球经济总体受到了不同程度的影响。总体来看，各经济体整体还是处于稳定的上升通道之中，经济的增长推动了全球高技术产业出口技术的提升以及全球贸易的发展，这种外部不确定性冲击与"经济增长—技术进步—贸易扩张"共同作用的环境也是中国入世以来开展贸易所处的全球大背景。

在了解全球高技术产业出口技术复杂度动态演变的大背景后，为了进一步准确定位和深入挖掘各经济体高技术产业出口技术复杂度在全球价值链中的分布与变化趋势，接下来，将样本经济体的高技术产业出口技术复杂度以及排名列示于表 4.5 中。表 4.5 显示考察期内高技术产业出口技术复杂度在

1995 年排名前 10 的国家，在 2019 年三个国家被挤出了前 10，这三个国家分别为英国、瑞典以及意大利。其中，英国从第 4 位掉到了第 11 位，瑞典从第 9 位掉到了第 18 位，意大利从第 10 位掉到了第 14 位。分析这三个国家可以发现，这三个国家都属于欧洲国家，欧洲这些年面临了"难民危机""英国脱欧"等"黑天鹅"事件的冲击，外部环境面临着极大的不确定性，这不仅影响了其贸易的发展，对其国内产业包括高技术产业的发展也不利。

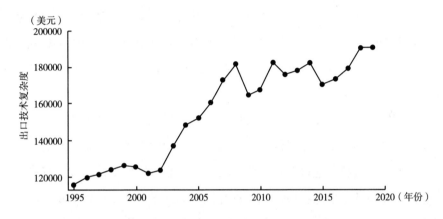

图 4.3　样本经济体高技术产业总体出口技术复杂度演进趋势

注：作者根据本章第二节对高技术产业出口技术复杂度的计算结果绘制。

表 4.5 还显示考察期内中国香港、爱尔兰以及中国挤进了前 10 名。其中，中国香港从第 11 名上升到了第 3 名，爱尔兰从第 15 名上升到了第 10 名，中国从第 31 名上升到了第 9 名。在这三个位列前 10 的新成员中，中国排位上升幅度最大。1995 年，中国高技术产业出口技术复杂度在 96 个样本经济体中处于较低的位置，出口技术复杂度仅为 57.833 美元，在所有样本经济体中仅排在第 31 位。在经历了 2000 年入世后，中国的技术提升相对较快，2020 年中国高技术产业出口技术复杂度达到了 8361.420 美元，排在所有样本经济体的第 9 位。中国的高技术产业经过 25 年的发展，其出口技术复杂度排名提升了 22 个顺位。究其原因，一方面是因为中国贸易模式的演进是努力生产和研发高技术含量的产品，并不断拓宽高技术产品出口，这与其他发展中国家按照传统的比较优势进行演进的模式大相径庭（Hausmann et al. , 2005）；另一方面是中国政府在战略上的积极作为。中国作为全球贸易大国，不可避免地会受到全球贸易环境恶化的影响，甚至受到个别国家有针对性的贸易限制，但中国在战略上积极作为，不仅积极应对其他国家对中国贸易的战略围堵，还积极塑造新机制，使得中国整个高技术产业发展取得了可喜的成果。

表 4. 5 还显示考察期内美国几乎一直占据高技术产业出口技术复杂度的第 1 位，这可能与美国自身对高技术产业发展的战略政策密切相关。虽然表面看起来美国各个阶层矛盾极深，且整个国家的政治经济环境也不稳定，但美国政府一直都未放弃对本国高技术产业的支持力度。长期的政府支持与企业努力使得美国的高技术产业具有得天独厚的优势——扎实的基础研究水平、雄厚的技术创新能力、完善的技术转化机制以及丰富的物质资本和人力资本——这种高级要素禀赋结构对于高技术产业的发展至关重要且短期内难以被其他国家超越。通过单独对美国高技术产业出口技术复杂度进行横向比较还可以发现其他信息：1995～2005 年间其高技术产业出口技术复杂度年均增长率为 0. 833%，2015～2020 年其高技术产业出口技术复杂度年均增长率为 0. 501%，增长率呈现下降态势。与第 2 名纵向对比发现，其 1995 年比第 2 名高出 5. 891%，2019 年比第 2 名仅高出 4. 621%。各经济体尤其是中美两国高技术产业出口技术复杂度的动态演变启示我们：一方面，高技术产业的发展与一国长期形成的要素禀赋结构的确密切相关；另一方面，高技术产业出口技术复杂度又是动态变化的，任何一国的高技术产业出口技术复杂度都是可以被超越和追赶的。

表 4. 5 　　　　　 **部分年份高技术产业出口技术复杂度排名**

前 31 的样本经济体

单位：美元

排名	经济体	1995 年	经济体	2005 年	经济体	2015 年	经济体	2020 年
1	美国	22837. 139	美国	24739. 464	美国	27840. 924	美国	28538. 393
2	日本	21566. 525	德国	22427. 047	德国	24133. 794	德国	27277. 904
3	美国	14032. 261	日本	13092. 275	瑞士	12402. 143	中国香港	14484. 299
4	英国	8453. 500	法国	11748. 049	中国香港	11612. 102	瑞士	12886. 453

排名	经济体	1995 年	经济体	2005 年	经济体	2015 年	经济体	2020 年
5	法国	8019.095	英国	10223.209	法国	10703.338	荷兰	11587.947
6	瑞士	7272.470	荷兰	8758.358	英国	9558.060	法国	11176.938
7	荷兰	5245.661	瑞士	7087.439	新加坡	8652.430	新加坡	10234.349
8	新加坡	5165.843	比利时	6709.696	荷兰	8325.289	日本	8471.471
9	瑞典	3210.453	爱尔兰	6003.033	日本	7014.246	中国	8361.420
10	意大利	3084.017	中国香港	5649.147	中国	6870.272	爱尔兰	7845.569
11	中国香港	3030.142	意大利	4632.075	爱尔兰	6017.018	英国	7314.967
12	加拿大	2064.319	加拿大	4311.914	比利时	4870.266	韩国	5334.819
13	丹麦	1769.406	新加坡	3918.023	韩国	4122.612	比利时	5049.000
14	韩国	1316.977	瑞典	3314.962	加拿大	3875.203	意大利	4006.636
15	爱尔兰	1278.887	奥地利	2578.602	意大利	3546.973	加拿大	3703.333
16	奥地利	1071.523	韩国	2526.262	奥地利	2594.061	丹麦	3363.409
17	比利时	985.370	丹麦	2469.133	瑞典	2567.081	奥地利	3110.308
18	西班牙	894.926	西班牙	2025.566	丹麦	1895.294	瑞典	2474.455
19	芬兰	889.974	芬兰	1311.264	西班牙	1829.950	西班牙	2102.437
20	澳大利亚	518.672	墨西哥	1087.262	以色列	1382.461	墨西哥	1427.289
21	马来西亚	448.654	中国	778.396	墨西哥	1331.421	捷克	1400.233
22	挪威	408.509	挪威	767.034	捷克	929.471	以色列	1155.352
23	墨西哥	368.182	澳大利亚	742.138	挪威	871.548	澳大利亚	1016.161
24	以色列	348.673	匈牙利	727.492	澳大利亚	870.080	匈牙利	960.753
25	卢森堡	174.093	卢森堡	610.659	马来西亚	730.251	马来西亚	932.641
26	泰国	110.585	马来西亚	587.235	芬兰	720.020	阿拉伯	728.160
27	阿拉伯	96.010	阿拉伯	551.563	匈牙利	714.494	芬兰	710.925
28	斯洛文尼亚	94.944	以色列	527.849	阿拉伯	702.430	挪威	696.390
29	巴西	88.275	捷克	445.470	波兰	447.967	波兰	622.670
30	捷克	67.634	巴西	196.186	泰国	347.560	泰国	409.663
31	中国	57.833	希腊	159.599	斯洛伐克	284.508	斯洛文尼亚	393.555

注：数据源于本章第二节计算得出的高技术产业出口技术复杂度。限于篇幅，未能列示所有经济体所有年份的高技术产业出口技术复杂度，已留存备所。

图 4.4 显示的是发达经济体、新兴市场经济体与中国部分年份高技术产业出口技术复杂度均值的对比情况。可以发现，发达经济体高技术产业出口技术复杂度均值的上升速度远大于新兴市场经济体技术产业出口技术复杂度均值的上升速度，而中国的高技术产业出口技术复杂度不仅远远大于新兴市场经济体技术产业出口技术复杂度均值的上升速度，远大于发达经济体高技术产业出口技术复杂度均值的上升速度。这再一次肯定了中国高技术产业良好的整体发展情况。

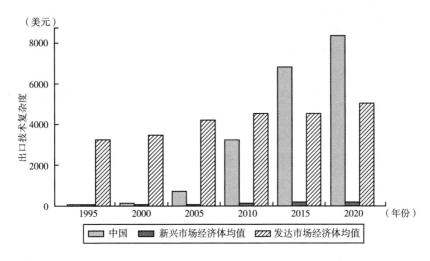

图 4.4　样本经济体高技术产业总体出口技术复杂度演进趋势

注：作者根据本章第二节对高技术产业出口技术复杂度的计算结果绘制。

二、中国高技术产业出口技术复杂度的动态演变

通过对样本经济体高技术产业整体的出口技术复杂度进行演变分析和国际比较，本书已经在整体层面上初步掌握了其基本状况，但是高技术产业出口技术复杂度整体层面的动态演变并不足以反映高技术产业出口技术复杂度的全貌。为了更加深入透彻地探清样本经济体高技术产业的出口技术复杂度，找到各经济体高技术产业出口的优势和劣势，有必要在整体层面之上对高技术产业进行进一步分解和研究。这样既能全面深入地了解高技术产业出

口产业的技术现状，又能基于对高技术产业出口技术复杂度全面且深入的认识对我国高技术产业技术升级提出有针对性的调整策略。此外，我国高技术产业出口技术复杂度表现出的"虚高"现象，也能通过深入剖析高技术产业各细分行业找到答案。鉴于以上原因，本节主要对包括中国在内的96个样本经济体的五大细分高技术产业的出口技术复杂度进行分析。

为了直观展现全球高技术五大细分行业出口技术复杂度的动态演变和五大细分行业在全球价值链中的分布情况，本书将全球高技术产业五大细分行业的动态演变趋势展示在图4.5中。图4.5显示1995~2020年之间全球高技术五大细分行业的出口技术复杂度呈现出曲折上升的状态，这种曲折上升可能受到各种因素的影响，如前面提到的"黑天鹅"事件。进一步观察图4.5发现全球高技术五大细分行业呈现出不同的态势。其中，从2002年开始，医药制造业的出口技术复杂度一直居于五大细分行业中的首位，且相比于其他四个高技术细分行业上升最为迅猛，而计算机及办公设备制造业的出口技术复杂度一直居于五大细分行业中的末位，且相比于其他四个高技术细分行业上升速度较慢。由图4.5可以直观地看出医药制造业在全球高技术产业出口中最具有出口技术上的优势，即高技术产业全球价值链中相对出口技术优势较高的细分行业主要集中在医药制造业。此外，其余高技术细分行业在全球价值链中相对出口技术优势由高到低依次为航空航天器以及设备制造业、医疗仪器设备以及仪器仪表制造业、电子以及通信设备制造业、计算机以及办公设备制造业。

表4.6报告了中国高技术五大细分行业的出口技术复杂度及在全球的排名。通过表4.6可以发现，考察期内中国五大高技术细分行业的出口技术复杂度都出现了大幅上升，在全球高技术细分行业中的排名也逐步提高。其中，医药制造业从35位上升到20位，上升了15个顺位；航空航天器以及设备制造业从37位上升到16位，上升了21个顺位；电子以及通信设备制造业从29位上升到5位，上升了24个顺位；计算机以及办公设备制造业从28位上升到3位，上升了25个顺位；医疗仪器设备以及仪器仪表制造业从30位上升到8位，上升了22个顺位。其中，我国的电子以及通信设备制造

业与计算机及办公设备制造业两大高技术细分行业在全球中的排名最高。豪斯曼等（2007）的研究结果发现，中国电子产品的出口技术复杂度受加工贸易的影响较小，这也从侧面反映了我国电子产品通过加工增加的技术含量较少。

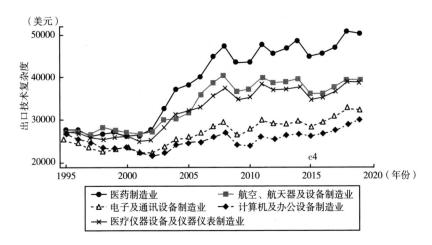

图 4.5   样本经济体高技术产业总体出口技术复杂度演进趋势

注：作者根据本章第二节对高技术产业出口技术复杂度的计算结果绘制。

进一步观察图 4.5 发现，全球范围内高技术产业细分行业出口技术复杂度最高的医药制造业在 1995 ~ 2020 年 25 年的考察期内却从未能挤进前 10，并且在 2020 年该细分行业是我国五大高技术细分行业中排名最低的。可见，我国高技术产业出口还集中在出口技术含量相对较低的行业，高技术产业出口结构依然呈现出低端化的情况。另外，表 4.6 显示计算机及办公设备制造业是我国五大细分行业中上升顺位最多的产业，也是我国 2020 年排名最靠前的高技术细分行业。但图 4.5 显示计算机以及办公设备制造业是全球高技术产业细分行业中相对出口技术优势最低的产业。这种情况表明，中国想要更快地提升高技术产业的出口技术复杂度并在全球价值链中实现排名跃升，在引导高技术产业结构向优势产业聚焦的同时，也要综合考虑中国人口、自然资源、要素禀赋的现状，在稳住当前优势产业国际市场份额的前提下要更加注重高技术产业的提质增效。

表 4.6　　代表性经济体高技术五大细分行业出口技术复杂度及排名　　单位：美元

产业	经济体	1995 年		2005 年		2015 年		2020 年	
		技术复杂度	排名	技术复杂度	排名	技术复杂度	排名	技术复杂度	排名
医药制造业	美国	1977.065	5	3722.615	4	5189.211	3	4978.070	4
	英国	2514.334	4	3570.872	5	3235.141	6	1853.962	10
	瑞典	1273.602	8	1234.779	10	865.538	11	909.909	12
	意大利	1027.033	10	1599.437	9	1335.521	9	1854.199	9
	中国香港	202.740	15	67.708	24	138.937	20	116.046	24
	爱尔兰	587.143	12	3468.337	16	4007.290	4	5395.291	3
	中国	9.953	35	15.617	32	158.861	19	210.218	20
航空航天以及设备制造业	美国	7479.941	1	5041.014	3	4702.347	3	5569.724	3
	英国	1856.725	5	1232.692	6	3284.9637	4	2941.165	4
	瑞典	676.326	7	645.042	10	527.4587	15	542.858	15
	意大利	521.630	10	1223.949	7	879.210	10	665.586	12
	中国香港	106.191	16	64.097	26	107.4545	27	170.799	23
	爱尔兰	26.151	25	51.688	27	1073.090	7	1056.731	8
	中国	1.987	37	22.605	33	280.426	18	439.527	16
医疗仪器以及仪器仪表制造业	美国	4079.842	1	4605.409	1	4736.444	2	4878.543	2
	英国	1153.763	5	1684.958	5	497.749	10	478.643	10
	瑞典	525.534	9	637.389	10	322.559	15	262.411	20
	意大利	473.969	12	588.220	11	375.918	12	395.523	13
	中国香港	1049.421	7	2119.7073	4	5898.917	1	5994.151	1
	爱尔兰	106.691	21	429.691	14	336.766	13	454.183	11
	中国	16.126	29	212.015	22	2129.645	5	2673.770	5
电子以及通信设备制造业	美国	4689.007	2	4421.764	1	5222.453	1	5002.343	2
	英国	1599.268	6	1654.216	7	688.657	8	535.946	11
	瑞典	130.903	16	167.275	20	200.176	19	237.977	17
	意大利	401.691	12	230.744	17	207.714	18	244.748	16
	中国香港	745.484	8	2078.893	4	4109.475	2	6299.028	1
	爱尔兰	517.002	9	1839.617	6	547.177	10	644.296	9
	中国	11.914	28	404.265	12	2944.275	3	3519.544	3

续表

产业	经济体	1995 年		2005 年		2015 年		2020 年	
		技术复杂度	排名	技术复杂度	排名	技术复杂度	排名	技术复杂度	排名
计算机以及办公设备制造业	美国	4611.284	3	6948.663	1	8131.271	1	8109.714	1
	英国	1329.411	5	2080.470	4	1775.007	5	1505.251	9
	瑞典	604.088	10	630.477	12	644.868	15	521.300	16
	意大利	659.694	9	989.725	9	773.840	12	846.580	12
	中国香港	926.304	8	1318.741	7	1897.706	4	1904.274	5
	爱尔兰	41.900	24	213.700	21	228.230	23	295.067	22
	中国	17.853	30	123.895	22	1264.123	9	1518.360	8

注：数据源于本章第二节计算得出的高技术产业出口技术复杂度。限于篇幅，未能列示所有经济体所有年份的高技术产业出口技术复杂度，已留存备所。

从图 4.5 已经知道五大细分高技术产业在全球出口技术上的相对优势依次为医药制造业、航空航天以及设备制造业、医疗仪器设备以及仪器仪表制造业、电子以及通信设备制造业和计算机以及办公设备制造业。本书通过测算五大高技术细分行业的考察期内整体的外贸开放度（样本期间该细分行业总出口/全球该行业总出口）发现，五大细分行业的对外开放度和其出口技术复杂度呈现出一一对应的关系，据此可以判断行业越开放越有利于其出口技术复杂度的提高。此外，还可以从图 4.5 中看出，从 2002 年开始，也就是我国在 2001 年 12 月 31 日正式加入 WTO 后，我国高技术产业五大细分行业的出口技术复杂度上升明显。可见，对外开放对我国高技术产业出口技术复杂度有极大的促进作用，这种观点已经得到了大量学者的证实。

本书进一步将考察期内中国高技术五大细分行业的出口技术复杂度绘制在图 4.6 中。根据图 4.6，首先可以判断考察期内中国高技术五大细分行业的出口技术复杂度都有了较大幅度的提升。但是如果从具体细分行业来看会发现五大细分行业呈现出了较为不同的境遇。从表 4.7 可以直观地看到在中国的五大细分高技术产业中，计算机与办公设备制造业排名相比其他四个高技术细分行业一直最为靠前，上升也最为迅猛。通过对原始数据进一步计算发现，样本期间里，医药制造业的年增长率为 4.20%，航空航天器以及设备制造业的年增长率为9.17%，电子以及通信设备制造业的年增长率为55.72%，计算机与办公设备制造业的年增长率为77.54%，医疗仪器设备以及仪器仪表制造业年增长率为31.46%。由此可知，我国计算机与办公设备制造业出口技术复杂度提升的速度与规模都远高于其他细分行业。

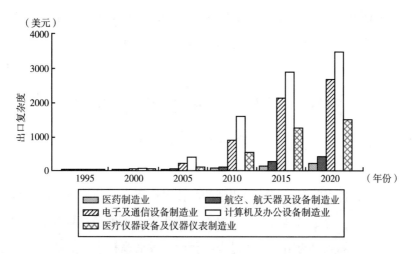

图4.6　中国高技术五大细分行业出口技术复杂度演进趋势

注：作者根据本章第二节对高技术产业出口技术复杂度的计算结果绘制。

进一步对比图4.5与图4.6发现，全球出口技术相对优势最高的医药制造业却是我国出口技术相对优势最低的行业，而全球出口技术相对优势最低的计算机及办公设备制造业却是我国出口技术相对优势最高的行业。与之相对应，本书也通过依次计算样本期间我国五大细分高技术产业的出口技术复杂度发现，我国各细分行业对外开放度最小的是医药制造业，其出口技术复杂度也最低，这反向验证了前面的"产业越开放越高越有利于其出口技术复杂度的提高"的结论，即"产业开放越低越不利于其出口技术复杂度的提高"。这也说明我国本土的医药制造业还需更大程度地参与国际交流与竞争，以分享全球科技进步的果实来促进我国医药制造业出口技术复杂度的提升。而我国计算机及办公设备制造业的对外开放度最大，是我国出口技术相对优势最高的行业，这说明搭乘了全球计算机及办公设备制造业出口技术复杂度提升的便车，就获得了与世界同步增长的"水平效应"、抓住了发达经济体产业转移的契机、充分吸收了发达经济体贸易过程中的技术溢出。另外，我国计算机及办公设备制造业还获得了超越全球增速的"增长效应"，这说明还有其他因素影响着该细分行业出口技术复杂度的提升。这种超越性的增长效应可能与我国日渐提升的创新能力密不可分，也预示着目前我国部分高技术细分行业正经历从"引进—消化—吸收"的传统模式向"引进—消化—吸收—再创新"的新模式转变（李洲和马野青，2020）。

第四节　TPU 影响高技术产业出口技术复杂度的特征事实

上面的分析表明对外开放对我国的高技术产业出口技术复杂度产生了极大的促进作用，持之以恒的对外开放不仅使我国享受到了贸易带来的技术溢出，而且在国际竞争与国际交流过程中获取了发展高技术产业的先进经验与先进技术，使我国高技术产业出口技术复杂度获得了与世界高技术产业出口技术复杂度同步提升的水平效应与增长效应。但是，受世界范围高技术产品供需变化、"黑天鹅"事件冲击、大国博弈等因素的影响，我国高技术产品贸易市场面临复杂的国际环境。特别是作为世界超级大国的美国，其贸易政策对全球及中国的贸易产生了巨大影响，而中美两国互为重要的贸易伙伴国，高技术产品贸易频繁，美国 TPU 的变化势必影响我国高技术产品出口。加上美国政府在制定贸易政策时主要针对中国，哪怕是美国与欧盟、韩国、日本、加拿大等签订的双边和区域贸易协定也会通过"多米诺骨牌效应"间接影响中美之间的贸易。韩慧霞和金泽虎（2019）的逻辑分析也表明，中美在贸易、金融、投资、科技等领域的摩擦会造成我国"被动式跟进型"贸易政策的变动，且摩擦的周期性反复具有常态化、长期化特征。可见，美国针对我国的 TPU 变动以及我国"被动式跟进型"的 TPU 变动都会影响我国高技术产业的升级及出口技术复杂度的提升。

对各国高技术产业出口技术复杂度的整体分析也表明，高技术产业总体出口技术复杂度起伏的年份与全球遭遇的"黑天鹅"事件相吻合，即一国遭受的外部"黑天鹅"事件冲击会影响一国高技术产业出口技术复杂度的提升。第三章理论分析也得出贸易伙伴 TPU 上升会抑制一国产业出口技术复杂度上升，贸易伙伴 TPU 下降会促进一国产业出口技术复杂度上升，两者成反比。下面将对贸易伙伴 TPU 影响高技术产业出口技术复杂度的特征性事实进行初步分析，对两者之间的关系进行进一步验证。

上面的分析是对全球 TPU 以及高技术产业出口技术复杂度进行的分析，已经从整体上把握了两者之间的关系，但针对特定国家及其贸易伙伴的 TPU 还未具体分析。本书重点考察的是贸易伙伴 TPU 对一国高技术产业出口技术复杂度的影响，因此需要厘清 96 个经济体考察期间贸易伙伴 TPU 的变动。随着全球化进程的加快，任何一个国家的贸易伙伴都非常多，可以说涵盖了世界上几乎所有国家。但是若使用世界各国 TPU 的简单平均也无法反映一国产品面临的真实 TPU，而原因有两点：首先，世界各国的关税水平千差万别；其次，一国对一些国家虽然有出口但出口额较小，完全可以忽略不计。因此，本书参考王孝松等（2014）使用一国最重要的出口对象的 TPU 加权平均值来衡量该国贸易伙伴的 TPU，具体取经济体每年占出口前三的贸易伙伴。

对 96 个经济体贸易伙伴的 TPU 与其高技术产业出口技术复杂度之间的关系进行初步检验。利用上面测出的 96 个经济体的高技术产业出口技术复杂度（对所有数据缩小为 1/100 之后取对数）与其贸易伙伴 TPU 的数据作出两者的拟合散点图和拟合曲线，如图 4.7 所示。特征事实直观地展现出一国高技术产业出口技术复杂度与其贸易伙伴 TPU 呈负相关，即贸易伙伴 TPU 对一国高技术产业出口技术复杂度会造成负面影响，两者之间的特征性事实初步支持了本书的核心理论假说。不过，两者之间的特征性事实仅仅是通过数据得出的初步推断，为进一步剖析各经济体高技术产业出口技术复杂度面临的困境，需要得到贸易伙伴 TPU 与高技术产业出口技术复杂度这两者之间更为可靠详细的结论。第五章和第六章将进一步综合考虑其他相关因素的影响，并将其纳入统一分析框架进行实证检验。

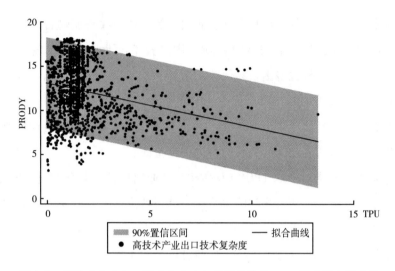

图 4.7 高技术产业出口技术复杂度与其贸易伙伴 TPU 样本散点拟合图

注：作者根据本章第二节高技术产业出口技术复杂度的计算结果绘制。

第五节　本章小结

首先，本章从大国博弈的视角和全球"黑天鹅"事件的冲击探讨 TPU 产生的现实背景发现，中美两个大国之间的博弈以及由此引起的贸易摩擦是全球 TPU 变动的重要因素之一，全球"黑天鹅"事件的冲击也会影响全球 TPU 变动。此外，为了应对不断下行的世界经济，各国为了维持本国的经济利益频繁调整本国的贸易政策为其经济发展服务，各国贸易政策的"非正常变动"正成为常态，这一行为不可避免地为全球贸易政策注入了更多的不确定性（周丽，2018）。

其次，本章构建了高技术产业出口技术复杂度和 TPU 两个核心指标的测度框架。目前，学者们从各种角度提出了测度产业出口技术复杂度的公式。肖特（2004）指出，即使在 HS10 位细分产品分类下，不同国家出口的同一类产品质量也会存在很大差异。徐（2007，2010）充分抓住产品质量这一特征，在豪斯曼等（2005）的基础上对产品出口技术复杂度进行了质量调整。

尤其在当前全球 TPU 不断上升、贸易摩擦凸显以及各国贸易增速都在下降的背景下，高技术产业出口产品的技术质量就成了各国面对外部冲击和考验的关键。本章通过大量的数据处理并基于豪斯曼等（2005）对出口技术复杂度的测算方法，运用联合国统计署的商品贸易数据库发布的高技术产品出口数据，运用长跨度时间面板序列数据（25 年）测度了全球 96 个经济体 1995～2020 年的高技术产业以及五个高技术细分行业的出口技术复杂度，并计算出了各经济体贸易伙伴的 TPU。测度各个经济体 TPU 的数据来源于世界银行数据库，并参考王孝松等（2014）使用一国最重要的出口对象（具体取各经济体出口前三的贸易伙伴）的 TPU 的加权平均来衡量该国的贸易伙伴 TPU，最终得到了各经济体贸易伙伴的 TPU。这两个核心指标的测度为接下来的特征性事实分析以及实证分析提供了数据基础。

再次，本章通过考察 1995～2020 年样本经济体高技术产业以及五大细分行业的动态演变认为全球高技术产业出口技术复杂度呈现曲折上升的态势，我国高技术产业出口技术复杂度既获得了与世界高技术产业出口技术复杂度同步提升的水平效应，也获得了超越性的增长效应，这与我国自身日渐提升的创新能力密不可分。不过，高技术产业五大细分行业出口技术复杂度的动态演变表明规模发展仍然是我国高技术产业发展的主要支撑力，我国高技术产业抵御贸易伙伴 TPU 冲击及其技术上"卡脖子"行为的能力依然有限，提质升级任务依然紧迫。在当前全球 TPU 不断上升、贸易摩擦凸显以及各国贸易增速都在下降的背景下，持续提升高技术产业出口产品的技术"质量"以及自身的创新能力依然是我国面对外部冲击和考验的关键。

最后，本章对贸易伙伴 TPU 影响高技术产业出口技术复杂度的特征性事实进行了初步分析。利用上面测出的 96 个经济体高技术产业出口技术复杂度与其贸易伙伴 TPU 的数据作出两者的拟合散点图和拟合曲线发现，贸易伙伴的 TPU 与其高技术产业出口技术复杂度呈负相关，即贸易伙伴 TPU 对一国高技术产业出口技术复杂度会造成负面影响，两者之间的特征性事实初步支持了本书的核心理论假说。

TPU 影响高技术产业出口技术复杂度的
实证检验

高技术产业作为一国技术实力的核心产业，其出口技术复杂度的提高预示着一国未来产品技术含量的变动趋势，对一国贸易由"数量型"向"质量型"转变发展具有重要意义。第三章通过数理模型分析了贸易伙伴 TPU 影响高技术产业出口技术复杂度的理论机制，第四章以全球 96 个样本经济体的高技术产业为例初步分析了贸易伙伴 TPU 变动对其高技术产业出口技术复杂度影响的现实基础与特征性事实，本章将继续以高技术产业为例对理论分析的关键假说进行实证验证。

首先，本章从跨国层面构建基准模型对一国高技术产业出口技术复杂度与贸易伙伴 TPU 之间的关系进行探讨；其次，本章构建了一个基于生产率调节的中介效应模型考察贸易伙伴 TPU 影响高技术产业出口技术复杂度的作用机制，探讨出口在这一过程中的中介作用以及生产率高低对这一中介的调节作用；最后，本章以高技术产业生产率为门限变量设立了面板门限回归模型对高技术产业生产率的门限进行识别及回归，三个样本的门限回归结果均证实了贸易伙伴 TPU 与高技术产业出口技术复杂度之间确实存在生产率门限效应，面板门限回归结果进一步呼应和强化了理论分析结果。

第一节　研究设计、变量与数据说明

一、研究设计

（一）基本回归模型设定

第三章理论分析得出的核心结论（假说3）是贸易伙伴 TPU 的上升不利于一国高技术产业出口技术复杂度的提升。下面继续以高技术产业为例对这一结论进行实证检验，为了验证这一核心结论，设定如下基准模型：

$$PRODY_{ct} = \alpha_1 + \beta_1 TPU_{ct} + \rho_1 Z_{ct} + \gamma_c + v_t + \varepsilon_{ct} \qquad (5.1)$$

其中，c 和 t 分别代表国家和年份，$PRODY_{ct}$代表 t 年 c 国的高技术产业出口技术复杂度，TPU_{ct}代表 t 年 c 国的贸易伙伴的贸易政策不确定性，γ_c代表各国不随时间变化的个体效应，v_t代表时间效应，ε_{it}代表随机扰动项。Z_{ct}表示 t 年与 c 国高技术产业出口技术复杂度密切相关的控制变量。如果回归系数 β_1显著且小于零，说明两者成反比。即贸易伙伴 TPU 的上升会抑制一国高技术产业出口技术复杂度的提升，而贸易伙伴 TPU 的下降会促进一国产业出口技术复杂度的提升，说明实证结果可以验证本书的核心理论假说。

（二）基于生产率调节的中介效应模型设定

第三章理论分析指出贸易伙伴 TPU 上升通过减少企业出口（二元边际）抑制一国高技术产业出口技术复杂度，企业出口在其中起着重要的中介作用，并且企业生产率会调节出口在 TPU 和产业出口技术复杂度之间的中介作用（假说4）[①]。因此，企业出口在 TPU 与产业出口技术复杂度之间起到中介

---

①　事实上，理论假说4是在理论假说1、假说2、假说3的基础上得出的，因此，对理论假说4的实证检验也就是对前三个假说的检验。

变量的作用，而这个中介作用受到企业生产率的调节。上述机制可以由图5.1 展示。可以看出，一国高技术产业出口技术复杂度的深化过程较为复杂，既受到外部环境的影响（贸易伙伴 TPU），还受到自身因素的影响（自身生产率）。

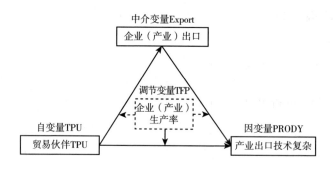

图5.1　理论机制概念模型

注：作者根据第三章理论假说绘制。

在回归分析中，如自变量不仅直接影响因变量，还通过中介变量间接影响因变量，这样的变量关系就可以采用中介效应模型进行估计。理论分析指出，贸易伙伴 TPU 上升会抑制一国高技术产业出口技术复杂度提高，而贸易伙伴 TPU 上升又会影响企业出口，而企业出口的变动又会影响一国产业出口技术复杂度，在这一过程中出口起到了中介的作用，中介效应模型正好可以全面检验这一潜在影响机制。进一步地，为了检验企业生产率在其中的调节作用，本书构建了一个基于生产率调节的中介效应模型，综合考虑贸易伙伴 TPU、生产率、出口对高技术产业出口技术复杂度的影响。基于生产率调节的中介效应模型的构建分为两个阶段，第一阶段使用依次检验法检验出口在贸易伙伴 TPU 与高技术产业出口技术复杂度之间的中介效应。模型设定如下：

$$PRODY_{ct} = \alpha_1 + \beta_1 TPU_{ct} + \rho_1 Z_{ct} + \gamma_c + \nu_t + \varepsilon_{ct} \tag{5.2}$$

$$Export_{ct} = \alpha_2 + \beta_2 TPU_{ct} + \rho_2 Z_{ct} + \gamma_{2c} + \nu_{2t} + \varepsilon_{2ct} \tag{5.3}$$

$$PRODY_{ct} = \alpha_3 + \beta_3 TPU_{ct} + \chi_3 Export_{ct} + \rho_3 Z_{ct} + \gamma_{3c} + \nu_{3t} + \varepsilon_{3ct} \tag{5.4}$$

其中，$Export_{ct}$ 代表 t 年 c 国的高技术产业出口总额，其他变量同模型 5.1。

式（5.2）检验贸易伙伴 TPU 对一国高技术产业出口技术复杂度的影响（假说3），式（5.3）检验贸易伙伴 TPU 对中介变量（出口）的影响，式（5.4）检验控制了 TPU 的影响后中介变量（出口）对高技术产业出口技术复杂度的影响。式（5.2）中的 β_1 衡量了贸易伙伴 TPU 对一国高技术产业出口技术复杂度影响的总效应，式（5.4）中的 β_3 衡量了贸易伙伴 TPU 对一国高技术产业出口技术复杂度影响的直接效应，式（5.3）和式（5.4）中的系数乘积 $\beta_2 \cdot \chi_3$ 则衡量了贸易伙伴 TPU 通过出口对一国高技术产业出口技术复杂度影响的间接效应。可见，通过上述中介效应模型即可得到贸易伙伴 TPU 对一国高技术产业出口技术复杂度影响的总效应、直接效应和间接效应。

在具体的检验过程中，第一阶段检验式（5.2）中 TPU 对 $PRODY_{ct}$ 的估计系数是否显著。若不显著，则停止中介效应检验；若显著，则对式（5.3）进行估计，考察 TPU 与中介变量 $Export_{ct}$ 之间的关系。然后对式（5.4）进行估计，此时若 β_2 和 χ_3 都显著，则进一步观察。如果 β_3 显著，说明存在部分中介效应；若 β_3 不显著，说明存在完全中介效应；如果 β_2 和 χ_3 有一个不显著，则需要进一步进行 Sobel 检验。

第二阶段，检验高技术产业生产率对贸易伙伴 TPU 和一国高技术产业出口技术复杂度之间关系的调节效应。为了检验图 5.1 中的三种调节效应是否存在，参考王建和赵凯（2020）使用三个回归方程来验证这三种调节效应是否存在[①]。加入调节项之后的模型设定如下：

$$PRODY_{ct} = \alpha_4 + \beta_4 TPU_{ct} + \delta_4 TFP_{ct} + \theta_4 TPU_{ct} \cdot TFP_{ct}$$
$$+ \rho_4 Z_{ct} + \gamma_{4c} + \nu_{4t} + \varepsilon_{4ct} \tag{5.5}$$

$$Export_{ct} = \alpha_5 + \beta_5 TPU_{ct} + \delta_5 TFP_{ct} + \theta_5 TPU_{ct} \cdot TFP_{ct}$$
$$+ \rho_5 Z_{ct} + \gamma_{5c} + \nu_{5t} + \varepsilon_{5ct} \tag{5.6}$$

$$PRODY_{ct} = \alpha_6 + \beta_6 TPU_{ct} + \chi_6 Export_{ct} + \delta_6 TFP_{ct} + \theta_6 TPU_{ct} \cdot TFP_{ct}$$
$$+ \varphi_6 Export_{ct} \cdot TFP_{ct} + \rho_6 Z_{ct} + \gamma_{6c} + \nu_{6t} + \varepsilon_{6ct} \tag{5.7}$$

---

① 为避免加入交叉项之后出现共线性问题，对数据均做了去中心化处理。

其中，TFP_{ct} 代表 t 年 c 国的高技术产业生产率，其他变量含义同上。式 (5.5) 检验生产率在贸易伙伴 TPU 对一国高技术产业出口技术复杂度影响的直接路径上的调节作用是否存在，式 (5.6) 和式 (5.7) 分别检验生产率对中介过程前半路径和后半路径的调节作用是否存在。

二、变量及数据说明

对计量模型进行估计之前首先需要确定相关变量，需要阐述的核心变量有一国高技术产业出口技术复杂度 $PRODY_{ct}$、贸易伙伴 TPU_{ct}、高技术产业出口总额 $Export_{ct}$、高技术产业的生产率 TFP_{ct} 以及控制变量 Z_{ct}。其中，$PRODY_{ct}$ 和 TPU_{ct} 已经在第四章做过详细说明，这里不再赘述。下面对其他变量进行说明，各变量的确定及来源具体如下。

1. 高技术产业出口总额 $Export_{ct}$。对于高技术产业而言，其出口额的大小不仅能反映高技术产业的发展水平，也能很好地反映高技术产业的总销售额。本书使用联合国商品贸易统计数据库公布的各国"高技术产品出口额"作为衡量指标。

2. 高技术产业生产率 TFP_{ct}。在计算生产率时，早期的文献大多侧重于研究劳动生产率 (Trefler, 2004)，而近期的文献更多的研究则关注全要素生产率 (total factor productivity，TFP)，并使用产业的 TFP 来代替产业的生产率。常用度量 TFP 的方法是生产前沿法，本书的生产前沿函数采用参数形式，具体为 Cobb-Douglas 生产函数，对于生产函数中使用的产出和投入具体说明如下：一般而言，产出使用总产值、增加值和销售收入衡量，本书使用"高技术产品出口销售收入"来衡量，该指标可以全面反映高技术产品的创新产出和经济价值。对于高技术产品的投入，文献中大多使用 R&D 人员投入和 R&D 资本投入来表征，前者使用各国 R&D 人员平均人数（每百万人）来表示，资本投入使用各国的 R&D 资本投入来衡量。考虑到 R&D 资本投入生产的技术知识会有一定的陈腐化率，因此，本书使用国际上通用的永续盘存法来计算 R&D 资本投入。

$$R\&D_{ct} = E_{c(t-1)} + (1-\delta)R\&D_{c(t-1)} \tag{5.8}$$

其中，$R\&D_{ct}$ 表示 t 年 c 国的 R&D 资本存量，$E_{c(t-1)}$ 表示（t−1）年 c 国折现的 R&D 经费投入。$E_{c(t-1)} = E_{ct}（g+\delta）$，g 为一国的年均增长率，$\delta$ 为折旧率，本书将折旧率 δ 设定为 15%。计算高技术产业生产率的原始数据来源于世界银行数据库。

3. 控制变量 Z_{ct}。第一个是经济发展水平 GDP_{ct}。一般来说，一国的经济发展水平越高，高技术产业发展的各种市场配套措施也会更加完善，越有利于高技术产业技术进步。参考大多数文献，本书采用人均 GDP 来衡量各国的经济发展水平。第二个是进口贸易依存度 FT_{ct}。一般来讲，技术水平较高的企业更有动力进口，通过进口能持续性地提升企业的技术水平，但也会使一国经济发展更容易受到外部经济波动的影响，并且忽视国内市场的培育和开发。可见，FT 对一国高技术产业的技术水平有利有弊，具体影响方向不确定。参考大多数文献，本书使用进口贸易额/GDP 来衡量进口贸易依存度。第三个是外商直接投资 FDI_{ct}。根据国际贸易理论，FDI 作为技术、人力资本、国际市场渠道以及管理经验等多种要素的载体，对高技术产业的发展有着重要影响。FDI 作为知识转移的渠道，不仅能帮助接收国提高高技术产品的出口能力，还能通过增加国外中间产品的流入促进国际技术溢出来提高一国的高技术产业出口技术复杂度。参考大多数文献，本书选取各国外商直接投资存量来衡量 FDI 水平。第四个是基础设施建设 $Infra_{ct}$。完善的基础设施建设可以提高一国出口技术复杂度，互联网作为重要的基础设施，其普及松绑了信息资源，使得高技术企业可以获得全球的知识和技术资源，这加速了高技术企业技术创新的进程（王永进等，2010；姚战琪，2020；韩慧霞和金泽虎，2020）。因此，本书使用安全的互联网服务器来衡量一国的基础设施建设。第五个是知识产权保护水平 IPP_{ct}。以创新为内核的知识产权保护水平的提高，既能通过促进国际贸易对国际技术溢出产生积极影响（余长林，2011），也能通过激励国内自主创新、降低生产成本、扩大产品市场占有等渠道促进一国高技术产业技术进步（孙湘湘和周小亮，2018）。本书使用世界经济论坛以调查问卷为基础构建的知识产权保护指数衡量一国的知识产权保护水平，该数据包含了各国每年连续的数据，能动态反映一国的知识产权保护水平的变化。

本章实证分析使用 96 个样本经济体 1995～2020 年的面板数据，其中包括发达经济体 35 个、新兴市场经济体 61 个，具体见第四章。本书对原始数据作了以下处理：为了克服离群异常值对模型估计结果的影响，除虚拟变量外，其他变量在 1% 和 99% 分位数上进行了 Winsorize 处理；为了保持指标数据的一致性，对同一指标数据进行了同倍放大（缩小）处理；对于部分缺失指标，采用线性插值法进行了补充；为了避免残差的非正态分布和量纲问题，所有数据均取对数进入模型；为了避免伪回归，对变量做了平稳性检验、协整检验以及多重共线性等检验，并对不符合要求的数据进行了处理。为规避变量之间的多重共线问题，对交互项事先进行了去中心化处理。本书实证检验所需的具体变量数据来源及描述性统计见表 5.1。

表 5.1   **相关变量数据来源及统计性描述**

变量类型	变量	数据来源	观测值	均值	标准差
被解释变量	高技术产业出口技术复杂度 PRODY	联合国统计署商品贸易数据库	2400	0.623	0.236
核心解释变量	贸易政策不确定性 TPU	WITS 数据库	2400	1.797	1.619
其他解释变量	高技术产品出口额 Export	Comtrade 数据库	2400	0.271	0.105
	高技术产业生产率 TFP	世界银行数据库	2400	2.725	0.638
	经济发展水平 GDP	世界银行数据库	2400	0.373	0.216
控制变量	进口贸易依存度 FT	世界银行数据库	2400	0.971	0.636
	外商直接投资 FDI	世界银行数据库	2400	0.192	0.104
	基础设施建设 Infra	世界银行数据库	2400	0.244	0.117
	知识产权保护水平 IPP	世界经济论坛	2400	0.189	0.095

注：作者对表中相关数据进行了取对数处理。

第二节　TPU 影响高技术产业出口技术
复杂度的实证检验

一、基本回归及分析

对模型 5.1 的估计结果如表 5.2 所示。表 5.2 除了报告 96 个经济体的总体回归情况，还将总样本按照经济发展程度划分分为 35 个发达经济体（子样本 1）及 61 个新兴市场经济体（子样本 2），并报告了子样本的回归结果[1]。本书对每一个样本分别采用混合回归模型（OLS）、固定效应模型（FEM）以及随机效应模型（REM）进行回归。在控制了高技术产业的生产率、技术升级资本等变量以后，三个样本的三种估计结果均显示贸易伙伴 TPU 对其高技术产业出口技术复杂度影响的系数显著为负。该结果从实证的角度验证了第三章理论分析的核心结论：贸易伙伴 TPU 上升不利于一国高技术产业出口技术复杂度提升，并且这一结果对不同的经济体而言具有稳健性。

表 5.2 的模型设定结果显示 F 检验和 LM 检验的 P 值均为 0.000，表明强烈拒绝"不存在个体效应"的原假设，即 FEM 与 REM 均优于 OLS；Hausman 检验表明接受"残差与解释变量不相关"的原假设，即 REM 优于 FEM。以上检验结果说明本书更适合 REM，因此，本书选择 REM 的回归结果作为后续研究的基础。对比观察三个样本的 REM 回归结果发现，贸易伙伴 TPU 每上升一个单位，总样本高技术产业出口技术复杂度下降 0.405 个单位，发达经济体高技术产业出口技术复杂度下降 0.383 个单位，新兴经济体高技术产业出口技术复杂度下降 1.057 个单位。可见，贸易伙伴 TPU 每上升

---

[1]　表 5.1 为不包括调节项并将高技术产业出口 $Export_{et}$、高技术产业的生产率 TFP_{et} 等变量作为控制变量的基准回归结果。

表 5.2　贸易伙伴 TPU 影响产业出口技术复杂度的回归结果

被解释变量 PRODY

解释变量	总样本			发达经济体			新兴市场经济体		
	OLS	FEM	REM	OLS	FEM	REM	OLS	FEM	REM
TPU	-0.401 *** (-5.302)	-0.423 ** (-1.617)	-0.405 *** (-4.381)	-0.381 ** (-1.113)	-0.323 * (-1.510)	-0.383 *** (-3.426)	-1.381 ** (-9.108)	-1.161 ** (-4.332)	-1.057 *** (-1.705)
Export	0.559 *** (7.342)	0.486 ** (0.849)	0.493 ** (1.235)	0.475 ** (0.351)	0.546 ** (0.575)	0.492 ** (0.516)	0.492 ** (8.116)	0.457 ** (3.713)	0.484 *** (5.712)
TFP	0.501 ** (1.365)	0.446 *** (1.712)	0.428 *** (5.763)	0.528 *** (5.943)	0.546 *** (6.851)	0.513 *** (7.854)	0.411 ** (0.358)	0.382 ** (5.109)	0.376 *** (4.852)
GDP	0.484 *** (6.262)	0.415 ** (0.841)	0.396 ** (1.484)	0.375 ** (0.572)	0.396 ** (0.492)	0.382 * (1.516)	0.391 *** (8.056)	0.417 ** (4.819)	0.414 *** (5.572)
FT	-0.377 ** (-0.163)	-0.381 ** (-0.249)	-0.402 *** (-4.018)	-0.328 * (-0.715)	-0.274 * (0.865)	-0.293 * (-0.351)	-0.675 * (0.428)	-0.713 ** (-2.334)	-0.655 *** (-7.021)
FDI	0.195 *** (1.155)	0.213 * (0.256)	0.202 * (0.378)	0.244 ** (0.578)	0.231 ** (0.472)	0.215 *** (2.268)	0.308 *** (2.511)	0.276 *** (1.913)	0.293 ** (0.787)
Infra	0.412 ** (2.017)	0.419 ** (1.040)	0.415 *** (5.437)	0.462 *** (6.015)	0.475 *** (5.873)	0.428 *** (6.055)	0.628 ** (1.855)	0.746 *** (1.855)	0.511 *** (6.874)
IPP	0.251 *** (1.145)	0.279 ** (0.458)	0.346 ** (0.855)	0.516 ** (0.502)	0.496 ** (0.572)	0.574 *** (4.315)	0.172 (0.041)	0.136 (0.012)	0.189 (0.203)

续表

被解释变量 PRODY

解释变量	总样本			发达经济体			新兴市场经济体		
	OLS	FEM	REM	OLS	FEM	REM	OLS	FEM	REM
截距项	0.535* (0.446)	0.441* (0.501)	0.644** (1.331)	0.416* (0.307)	0.389* (0.253)	0.715** (0.460)	0.635* (0.467)	0.317* (0.353)	0.695*** (5.506)
F 检验		29.205 [0.000]			32.418 [0.000]			26.334 [0.000]	
LM 检验			634.271 [0.000]			496.271 [0.000]			567.201 [0.000]
Hausman 检验			4.271 [0.329]			5.366 [0.275]			4.812 [0.413]
R²	0.427	0.455	0.722	0.431	0.461	0.617	0.415	0.457	0.626
样本数	21600	21600	21600	7875	7875	7875	13725	13725	13725

注：*、**、*** 分别表示在 10%、5%、1% 水平上的显著性，小括号为对应的 t 或 z 统计量，中括号内数值为相应统计量的 P 值。

一个单位，发达经济体高技术产业出口技术复杂度受到的冲击低于整体水平，新兴经济体受到的冲击高于整体水平，且新兴经济体受到的冲击远远大于发达经济体受到的冲击。这启示我们面对当前贸易伙伴 TPU 上升的冲击时，新兴市场经济体要想实现高技术产业出口技术复杂度的持续深化将会面临更大的挑战。

长期以来，高技术产业都是各经济体自主创新的"领头羊"，其发展遵循"胜者全得"的理论，这意味着一国高技术企业在高技术领域哪怕领先一小步，就有可能在市场份额上领先一大步（马亚雪等，2024）。而随着全球 TPU 的不断上升以及各经济体对他国高技术产业发展戒心的日益增强，发达经济体对贸易伙伴投资程序的审核愈加严谨，新兴经济体所需技术升级资本受到极大限制。此外，新兴经济体高技术产业 R&D 人员想出国交流也更加困难，高端人才引进更是受阻，传统的通过"思想贸易"提高 R&D 人力资本的渠道被切断了（Akcigit and Ates，2018）。可见，对于创新水平有限的新兴市场经济体而言，想在全球 TPU 不断上升的背景下提升高技术产业出口技术复杂度依然任重道远。

从三个样本控制变量 REM 回归的结果来看，高技术产业生产率（TFP）、经济发展水平（GDP）、外商直接投资（FDI）以及基础设施建设（Infra）都能显著促进一国高技术产业出口技术复杂度的提升。而知识产权保护水平（IPP）在发达经济体样本回归中显著为正，但在新兴市场经济体回归中为正但不显著，这说明新兴市场经济体提升知识产权保护水平对高技术产业出口技术复杂度没有明显的促进作用，可能因为新兴市场经济体需要通过放松知识产权保护来获取其他经济体的技术溢出。另外，进口贸易依存度（FT）对一国高技术产业出口技术复杂度的影响在所有样本中均为负。

控制变量回归结果启示各经济体在政策导向上应尽量减少高技术产业进口贸易依存度（FT）、提高高技术产业生产率（TFP）、促进经济发展水平（GDP）、吸引外商直接投资（FDI）以及进行基础设施建设（Infra）形成促进高技术产业出口技术复杂度的长效机制。在实施知识产权保护政策时，发达经济体应提高本国的知识产权保护水平以促进高技术产业出口技术复杂度的提升，新兴市场经济体则应根据本国的情况决定，既不能完全忽视知识产权保护的积极作用，也不能忌惮于发达经济体的威胁而盲目提升知识产权保护水平。此外，一国还应该减少对进口贸易的依赖，提高本国高技术产品自主创新的能力，逐渐培养自身的核心知识产权。因为一国的进口贸易依存度越高，该国消费最终产品的可能性就越大，对产品的进口依赖就会形成，一国进行技术创新的动力就会逐渐消失。长此以往，一国高技术产业就会被锁定在全球价值链低端，从而不利于一国高技术产业出口技术复杂度的提升。

二、内生性及稳健性讨论

（一）内生性讨论

重要解释变量的遗漏、自变量与被解释变量之间的双向因果关系、测量误差等原因都会引起模型的内生性问题，从而使估计结果有偏和无效。因此，内生性问题是计量模型普遍存在且必须解决的问题，本书的计量模型也不例外。例如，本书中贸易伙伴 TPU 变动与一国高技术产业出口技术复杂度提升之间互为因果关系，贸易伙伴 TPU 变动会影响一国高技术产业出口技术复杂度的提高，一国高技术产业出口技术复杂度的提高也会引起贸易伙伴"防御型""被动型""进取型"的 TPU 变动。此外，由于篇幅及技术的限制，模型中未能包含所有的变量，这也可能引起内生性问题。为了解决这一问题，本书采用系统 GMM 对模型进行估计，系统 GMM 也是运用较为广泛的解决内生问题的方法。

在进行系统 GMM 回归时最关键的一点是选择合适的工具变量，根据选择工具变量的相关性和外生性原则，所选变量既要与 TPU 相关，但又不能影响一国的高技术产业出口技术复杂度。贝克和布卢姆（2014）选取短期性的外生性事件作为不确定性的工具变量，本书借鉴该做法选择"自然灾害指数"作为 TPU 的工具变量。该指标除了可能通过 TPU 这一内生渠道影响一国的高技术产业出口技术复杂度，并不会直接对一国的高技术产业出口技术复杂度产生影响，符合工具变量的选取标准。自然灾害数据的具体数据可以在灾害流行病学研究中心（CRID）数据库中获得①。

首先，检验工具变量与内生变量之间的相关性，两阶段最小二乘法（2SLS）第一阶段回归报告不可识别检验与弱识别检验，这两个结果都可以检验相关性。其次，检验工具变量的外生性问题。由于本书只选择了"全球自然灾害指数"一个工具变量，不会出现"过度识别"，而无须检验工具变量的外生性问题，如果出现"恰好识别"，则无法进行工具变量的外生性检验，因此，只能从理论上证明其外生性。由上面的分析可知，"自然灾害指数"不会对被解释变量产生直接影响，仅通过内生变量产生间接影响，符合"外生性"的要求。最后，检验解释变量的内生性问题，这也是进行工具变量估计的前提。由于发达经济体与新兴经济体的高技术产业出口技术复杂度受到贸易伙伴 TPU 冲击时波动不一致，存在异方差，因此使用 Durbin-Wu-Hausman 进行内生性检验。

表 5.3 前 2 列报告了工具变量的检验结果和回归结果。不可识别检验的 P 值显著拒绝了识别不足的原假设，表明工具变量满足相关性；弱工具变量检验的 Gragg-Donald Wald 统计量均大于 10，拒绝存在弱工具变量的原假设；Durbin-Wu-Hausman 内生性检验结果表明存在内生性变量。综上所述，选用"自然灾害指数"作为工具变量估计贸易伙伴 TPU 对一国高技术产业出口技术复杂度的影响是合适的。为了进一步检验工具变量的稳健性，表 5.3 还报告了 2SLS 和系统 GMM 两种方法的回归结果，这两者的回归结果非常接近，并且与基准模型相比，系统 GMM 的回归结果更显著，这说明工具变量法使得模型对 TPU 的冲击识别更有效。表 5.3 前 2 列的实证结果表明 TPU 的系数均显著为负，进一步佐证了贸易伙伴 TPU 上升不利于一国高技术产业出口技术复杂度提高的稳健性，说明内生性问题不会改变理论分析的结论以及上文实证分析的结果。

---

① 具体网址为 http：//www. emdat. be/database。该数据集包含 15000 多个极端天气事件，如干旱、地震、流行病、洪水、极端温度、虫害、雪崩、山崩、风暴、火山等。

表 5.3　　　　　　　　　内生性及稳健性检验回归结果

解释变量	被解释变量 PRODY					
	内生性		稳健性			
	(1) 2SLS	(2) GMM	(3) TPU$_1$	(4) TPU$_2$	(5) 安慰剂检验	(6) TPU$_3$
TPU	-0.432 ** (-1.342)	-0.415 *** (-4.381)	-0.376 *** (-4.275)	-0.371 ** (-1.341)	-0.317 (-0.075)	-0.463 ** (-2.604)
Export	0.519 *** (5.369)	0.491 ** (0.527)	0.502 ** (0.281)	0.488 ** (0.361)	0.479 ** (0.536)	0.492 ** (0.476)
TFP	0.408 *** (4.855)	0.399 *** (5.013)	0.387 *** (4.852)	0.412 ** (1.765)	0.401 ** (0.896)	0.405 *** (6.321)
GDP	0.389 ** (1.262)	0.391 ** (1.484)	0.379 * (0.485)	0.415 ** (1.260)	0.386 ** (1.552)	0.359 ** (0.741)
FT	-0.415 * (-0.263)	-0.362 *** (-4.058)	-0.324 ** (-3.002)	-0.612 * (-6.003)	-0.372 ** (-1.014)	-0.401 ** (-4.009)
FDI	0.197 *** (2.115)	0.201 ** (0.387)	0.199 ** (1.457)	0.195 *** (2.264)	0.182 * (0.357)	0.202 ** (1.079)
Infra	0.349 ** (0.257)	0.387 *** (4.137)	0.374 *** (4.122)	0.402 ** (1.217)	0.401 *** (5.043)	0.415 ** (1.041)
IPP	0.346 ** (4.765)	0.356 ** (0.905)	0.369 ** (1.452)	0.357 *** (5.112)	0.345 ** (0.785)	0.348 *** (4.597)
截距项	0.615 * (0.461)	0.243 ** (0.532)	0.343 ** (0.461)	0.635 *** (7.468)	0.544 ** (1.060)	0.241 * (0.470)
R^2	0.481	0.536	0.462	0.507	0.518	0.495
样本数	21600	21600	21600	21600	21600	21600
工具变量	全球自然灾害指数					
不可识别检验	0.0002	0.0001				
弱工具变量检验	15.811	17.945				
内生性检验	4.122 **	3.874 ***				

注：*、**、*** 分别表示在 10%、5%、1% 水平上的显著性，括号内为对应的 t 值，本表仅报告了总样本的内生性及稳健性检验结果，发达经济体及新兴市场经济体样本的回归结果在考虑了内生性及稳健性之后依然稳健，限于篇幅这里未作报告。

（二）稳健性讨论

为了确保上面估计结果的可信性以及有效性，除了进行内生性讨论，本书还进行了一系列稳健性检验，表5.3第（3）~（6）列报告了稳健性检验的结果。具体包括：

第一，运用汉德利和利茂（2013）的方法［式（4.6）］并取 $\sigma = 3$ 重新计算TPU得到 TPU_1；运用格罗波和皮尔马尔丁（2014）的方法重新计算TPU得到 TPU_2，并进行稳健性检验。回归结果如表5.3第（3）列和第（4）列所示，发现TPU的回归系数与基础回归一致，依然显著为负。这再次表明贸易伙伴TPU的上升不利于一国高技术产业出口技术复杂度的提高，这一结论不会随着TPU的衡量方式的不同而发生改变，说明回归结果具有稳健性。

第二，设计一个安慰剂检验。为检验贸易伙伴TPU变化会对一国高技术产业出口技术复杂度确实产生影响，本书在保持控制变量与高技术产业出口技术复杂度相对应的基础上将贸易伙伴TPU随机分配给各经济体进行估计。随机配对的TPU对高技术产业出口技术复杂度的抑制效应不显著，因而可以认为贸易伙伴TPU冲击影响了高技术产业的出口技术复杂度，安慰剂测试排除了各经济体其他因素对高技术产业出口技术复杂度的可能影响。

第三，使用基于非关税壁垒的 TPU_3。借鉴梅雷迪思等（Meredith et al., 2018）基于"关税回音"理论测算基于非关税壁垒的 TPU_3，具体使用一国出口企业在上一期、任一出口市场是否被贸易伙伴发起技术性贸易壁垒作为虚拟变量来衡量TPU（若遭受取1，否则取0）。度量非关税壁垒TPU指数的数据来自世界贸易组织NTMS数据库。世界贸易组织的NTMS数据库给出了卫生与植物卫生措施（A）、技术性贸易壁垒（B）、反倾销（D1）、反补贴（D2）、保障措施（D31）、特殊保障措施（D32）、数量限制（E32）、关税配额（E61）等非关税措施的数据，研究者可以根据需要按照措施类型、相关措施的实施国家、受影响国家、受该措施影响的产品等查询各年的情况。通过该数据库可以得到各经济体各年度"被发起的"和"已生效的"的技术性贸易壁垒数量。虽然"被发起的"技术性贸易壁垒并不一定会"实施",但它的出现触发的不确定性影响了企业的出口和再投资决策,不利于整个高技术产业发展以及产业出口技术复杂度的提升。为了体现不确定性,本书选取"被发起的"的技术性贸易壁垒数量进行衡量。当可以查到某经济体当年的技术性贸易壁垒数量时,TPU取1,而不能查到的经济体TPU取0。

进一步观察表5.3可以发现,基于非关税壁垒的TPU_3的回归系数绝对值最大,说明贸易伙伴发起的技术性贸易壁垒带来的TPU对一国高技术产业出口技术复杂度的抑制效应最大,这启示我们要更加警惕贸易伙伴发起的技术性贸易壁垒。随着关税措施日趋透明化,许多国家更倾向于采用技术性贸易措施去替代关税措施(邓雪琴,2014)。技术性贸易措施大多涉及产品标准以及产品以外的东西,这些措施纷繁复杂、不断改变且无规律可循,让人防不胜防(施用海和邵宏华,2002),这也导致基于非关税壁垒的TPU_3对一国高技术产业出口技术复杂度的抑制效应更大。

中国的大多数贸易伙伴国的关税税率已下降至较低的水平,但形式多样的非关税壁垒依然存在、严酷的对华反倾销频繁出现(毛其淋和徐家云,2018)。尤其是近年来我国高技术产业的飞速发展更容易引起贸易伙伴的戒心,因此遭受反倾销、反补贴等贸易纠纷和贸易制裁。与贸易伙伴发起的关税壁垒相比,我国面临的贸易伙伴发起的非关税壁垒的破除更为迫切(蔡洁等,2019)。结合我国的具体情况也可以发现,近年来以美国、欧盟为首的西方国家对我国发起的技术性贸易壁垒带来的TPU给我国政策制定者和出口企业带来了潜在且持续的负面影响。以我国为例,2005~2016年,我国出口企业受到国外技术性贸易措施造成的直接损失总额高达6103.18亿美元、新增成本总额高达2463.89亿美元(《中国技术性贸易措施年度报告》),各年的具体数据如图5.2所示。可见,我国近年来遭受的"技术性贸易措施"较多并给我国带来了较严重的影响,技术性贸易措施也将在相当长的一段时间内影响我国的对外贸易(Meredith et al.,2018)。不过,在认清基于非关税壁垒的TPU带来的负面影响的同时,政府和企业还应当看到它对于提高我国高技术产业出口技术复杂度的积极作用。这种情况下打破贸易伙伴技术性贸易壁垒最根本的方法只能是引导受影响的出口企业化压力为动力,加大技术创新步伐和研发力度，不断提高出口企业的研发效率和出口产品的技术含量（谢众民和林春贵，2019）。

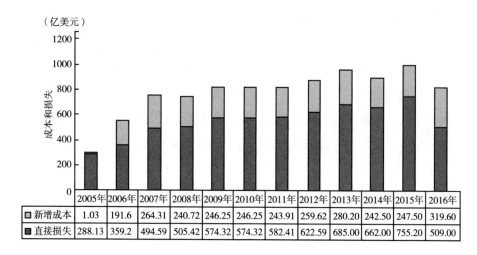

图5.2　2005~2016年技术贸易措施给我国外贸带来的损失

注：作者根据国家质检总局编制的《中国技术性贸易措施年度报告》（2005~2016年）绘制。

第三节　TPU 影响高技术产业出口技术复杂度的机制检验

一、基于生产率调节的中介效应机制检验及分析

表5.4报告了基于生产率调节的中介效应模型的回归结果（总样本）。首先采用 Hausman 检验结果来判断各回归适合 FEM 模型还是 REM 模型，检验结果表明各模型更适合 REM 模型。表5.4前三列检验了高技术产业出口（Export）在贸易伙伴 TPU 和一国高技术产业出口技术复杂度之间的中介作用。模型5.1检验贸易伙伴 TPU 上升对一国高技术产业出口技术复杂度的影响，与5.2.1节的区别在于未将 Export 以及高技术产业的生产率（TFP）作为控制变量。模型5.1显示 TPU 的系数显著为 −0.413，说明贸易伙伴 TPU

每上升一个单位对一国高技术产业出口技术复杂度影响的总效应为 −0.413 单位，验证了本书的核心结论（假说 3）。模型 5.2 显示 TPU 的系数显著为 −0.378，说明贸易伙伴 TPU 每上升一个单位对一国高技术产业出口影响的效应为 −0.378 单位。模型 5.3 显示 TPU 的系数显著为 −0.339，说明贸易伙伴 TPU 每上升一个单位对一国高技术产业出口技术复杂度影响的直接效应为 −0.339 个单位。进一步地，可以得出贸易伙伴 TPU 每上升一个单位对一国高技术产业出口技术复杂度影响的间接效应为 −0.204 单位（$\beta_2 \cdot \chi_3$），由于 β_2 和 χ_3 均显著所以间接效应也显著。进一步分析发现中介效应占总效应的比例为 49.52%（$\beta_2 \cdot \chi_3 / \beta_1$）。可见，一国高技术产业出口在 TPU 和出口技术复杂度之间扮演着重要的中介作用。因此，可以说，高技术产业出口的增加可以缓解贸易伙伴 TPU 上升带来的抑制效应，这也是各国在面临贸易伙伴 TPU 上升时争相增加高技术产业出口的原因之一。

表 5.4　　　　　　　　基于生产率调节的中介效应机制检验结果

变量	模型 (5.1) PRODY	模型 (5.2) Export	模型 (5.3) PRODY	模型 (5.4) PRODY	模型 (5.5) Export	模型 (5.6) PRODY
TPU	−0.413 ** (−2.346)	−0.378 *** (−3.660)	−0.339 ** (−0.374)	−0.382 ** (−1.015)	−0.407 *** (−4.526)	−0.385 ** (−0.786)
Export			0.541 *** (7.652)			0.506 *** (6.331)
GDP	0.387 ** (1.462)	0.379 *** (4.574)	0.403 ** (0.654)	0.411 (0.017)	0.391 ** (1.265)	0.374 ** (0.238)
FT	−0.409 *** (−4.217)	−0.381 * (−1.271)	−0.375 ** (−0.798)	−0.403 * (−0.944)	−0.374 ** (−3.918)	−0.368 ** (−0.612)
FDI	0.212 * (0.358)	0.189 ** (0.421)	0.202 *** (3.094)	0.195 * (0.701)	0.188 ** (1.002)	0.205 ** (0.662)
Infra	0.425 *** (5.438)	0.409 * (0.182)	0.403 * (0.754)	0.412 (0.017)	0.379 ** (0.766)	0.374 ** (0.698)
IPP	0.355 ** (0.867)	0.361 * (0.225)	0.308 ** (0.714)	0.371 * (0.654)	0.374 ** (0.598)	0.385 ** (1.015)

续表

变量	模型（5.1）PRODY	模型（5.2）Export	模型（5.3）PRODY	模型（5.4）PRODY	模型（5.5）Export	模型（5.6）PRODY
TFP				0.403 *** (5.665)	0.398 *** (4.735)	0.399 *** (5.011)
TPU·TFP				-0.215 * (-0.301)	-0.234 ** (-0.412)	-0.221 ** (-0.262)
Export·TFP						0.435 ** (0.512)
截距项	0.645 ** (1.274)	3.223 *** (4.251)	1.135 *** (3.264)	2.641 *** (4.301)	3.019 *** (4.215)	5.078 (0.211)
R^2	0.621	0.547	0.483	0.492	0.471	0.502
样本数	21600	21600	21600	21600	21600	21600

注：* 、** 、*** 分别表示在10%、5%、1%水平上的显著性，括号内为对应的t值。

表5.4后三列检验了高技术产业生产率（TFP）在贸易伙伴TPU与一国高技术产业出口技术复杂度之间的调节作用。其中，模型（5.4）显示TPU的回归系数显著为-0.382，说明贸易伙伴TPU与高技术产业出口技术复杂度负相关；TFP的回归系数显著为0.403，说明TFP与高技术产业出口技术复杂度正相关；TPU与TFP的交叉项的回归系数显著为-0.215，说明TFP的提高会削弱TPU的上升对高技术产业出口技术复杂度提升的抑制作用，即TFP负向调节TPU与高技术产业出口技术复杂度之间的关系。模型5.5中TPU的回归系数显著为-0.407，说明贸易伙伴TPU与Export负相关；TFP的回归系数显著为0.398，说明TFP与高技术产业出口正相关；TPU与TFP的交叉项的回归系数显著为-0.234，说明TFP的提高会削弱TPU上升对Export的抑制作用，即TFP负向调节TPU与Export之间的关系。模型5.6中TFP与Export的交叉项显著为0.435，说明TFP的提高会增强Export对高技术产业出口技术复杂度的促进作用，即TFP正向调节Export和高技术产业出口技术复杂度之间的关系。

综合模型（5.4）~模型（5.6）的回归结果可以发现，TFP在TPU对高技术产业出口技术复杂度影响的直接路径上起负向调节作用，在中介过程的前半路径也起负向调节作用，而在后半路径上则起正向调节作用。回归结果不仅证明了理论假说 4，还强化了 TFP 在应对贸易伙伴 TPU 冲击深化高技术产业出口技术复杂度的作用，即随着贸易伙伴 TPU 冲击的日益频繁及严重，生产率的高低是企业在出口市场存活的关键，更是一国维持产业出口技术复杂度深化的关键。

二、生产率门限效应检验及分析

理论推导指出，随着贸易伙伴 TPU 的上升，关税上升为关税上限的可能性上升，企业进入门限值 C_S^U 和升级门限值 C_{SZ}^U 都会上升，企业出口和技术升级投入都会减少。此时，企业进入门限值 C_S^U 对应的进入生产率门限 ψ_S^U 与企业升级门限值 C_{SZ}^U 对应的升级生产率门限 ψ_{SZ}^U 满足 $C_S^U > C_{SZ}^U$ 与 $\psi_S^U < \psi_{SZ}^U$。此时，如果企业生产率 ψ^* 满足 $\psi^* \in (0, \psi_S^U)$，企业将退出出口市场；如果企业生产率 ψ^* 满足 $\psi^* \in (\psi_S^U, \psi_{SZ}^U)$，企业将继续出口，但不会进行技术升级；如果企业生产率 ψ^* 满足 $\psi^* \in (\psi_{SZ}^U, \psi^{max})$，企业将选择技术升级。可见，在贸易伙伴 TPU 影响高技术产业出口技术复杂度的过程中存在"生产率门限效应"。但限于技术水平理论模型未推导出具体的门限值，上述实证过程依然没有有效识别生产率的"门限效应"。为了验证这一门限特征，本书以高技术产业生产率 TFP 为门限变量，设立面板门限回归模型：

$$
\begin{aligned}
PRODY_{ct} = {} & a_7 + \gamma_{71} TPU_{ct} \cdot I(TFP_{ct} \leq \eta_1) + \gamma_{72} TPU_{ct} \cdot I(\eta_1 < TFP_{ct}) + \cdots \\
& + \gamma_{7n} TPU_{ct} \cdot I(\eta_{n-1} < TFP_{ct} \leq \eta_n) + \gamma_{7n+1} TPU_{ct} \cdot I(\eta_n < TFP_{ct}) \\
& + \rho_7 Z_{it} + \gamma_{7c} + \nu_{7t} + \varepsilon_{7ct}
\end{aligned}
\tag{5.9}
$$

其中，TFP 为模型的门限变量，待估门限变量值 η_1、η_2，$\cdots$，η_n 分别为第 n 个门限值，$I(\cdot)$ 为示性函数。依据门限变量 TFP 和门限值 η 的大小，将所有观察值分为几个不同的区间，区间的差异性由回归系数 γ_{7n} 的大小反映。

面板门限回归的前提是所有变量为平稳变量，通过 LLC、IPS 以及 Fisher-

ADF 三种检验方法对变量进行单位根检验发现各变量的一阶差分均显著平稳，因此，本书使用各变量的一阶差分进行面板门限回归。进行面板门限回归需要检验是否存在"门限效应"，如果存在，才需要确定具体的"门限个数"以及具体的"门限值"。下面分别使用 96 个总样本经济体、35 个发达经济体以及 61 个新兴市场经济体的面板数据，以高技术产业生产率 TFP 作为门限变量，采用自抽样法（bootstrap）反复抽样 2000 次依次进行单一门限、双重门限以及三重门限检验，检验结果见表 5.5。从表 5.5 中可以看出，三个样本均存在双重门限，可知贸易伙伴 TPU 对高技术产业出口技术复杂度的影响对不同发展程度的经济体均存在双重 TFP 门限效应。表 5.5 还分别报告了三个样本两个门限值的点估计值，其中，总样本的两个门限值分别为 3.014 和 4.236，发达经济体样本的两个门限值分别为 3.759 和 4.986，新兴市场经济体样本的两个门限值分别为 2.325 和 3.485。各门限值在 95% 的置信区间内且置信区间长度较小，这说明该门限值在统计意义上和真实值相等，门限值的识别效果较好。

表 5.5 **TFP 的门限效应检验及门限值估计**

门限个数	总样本			发达经济体			新兴经济体		
	门限值	95%置信区间	F 值	门限值	95%置信区间	F 值	门限值	95%置信区间	F 值
单一门限	3.014**	[2.615, 4.107]	16.274	3.759**	[3.415, 4.421]	21.523	2.325**	[2.017, 3.246]	14.853
双重门限	4.236***	[4.215, 5.794]	8.533	4.986***	[4.701, 6.051]	13.665	3.485*	[3.401, 5.437]	4.562

注：*、**、*** 分别表示在 10%、5%、1% 水平上的显著性。

接下来在上述 TFP 门限效应检验的基础上进行门限回归。表 5.6 报告了三个样本贸易伙伴 TPU 与高技术产业出口技术复杂度的门限回归结果。表 5.6 第一列总样本回归结果显示，当 TFP 低于 3.014 时，贸易伙伴 TPU 上升将抑制一国高技术产业出口技术复杂度提升，影响系数显著为 - 0.713；但当 TFP 高于 3.014，即介于 3.014 和 4.236 之间时，TPU 对高技术产业出

口技术复杂度的抑制效应降低，影响系数显著为 - 0.376；而当 TFP 高于
4.236 时，TPU 对高技术产业出口技术复杂度的抑制效应进一步降低，影响
系数仅为 -0.225 且显著。两个分样本在不同的门限值区间，TPU 对高技术
产业出口技术复杂度的影响呈现出同样的变动趋势。可见，三个样本的回归
结果均证实了贸易伙伴 TPU 与高技术产业出口技术复杂度之间确实存在生产
率门限效应，面板门限回归结果进一步呼应和强化了理论分析结果。

表 5.6 面板门限模型回归结果

解释变量	被解释变量 PRODY		
	总样本	发达经济体	新兴经济体
TPU （TFP ≤ η₁）	- 0.713 ** （ - 1.382）	- 0.524 * （ - 0.327）	- 1.413 *** （ - 12.557）
TPU （η₁ < TFP ≤ η₂）	- 0.376 *** （ - 4.519）	- 0.306 ** （ - 0.846）	- 0.472 ** （ - 0.751）
TPU （η₂ < TFP）	- 0.225 *** （ - 3.784）	- 0.177 *** （ - 3.699）	- 0.313 ** （ - 0.768）
Export	0.496 ** （1.315）	0.497 ** （0.578）	0.482 *** （5.894）
GDP	0.397 ** （0.789）	0.385 ** （0.816）	0.416 *** （5.577）
FT	- 0.389 *** （ - 4.112）	- 0.291 ** （ - 0.873）	- 0.565 *** （ - 6.721）
FDI	0.267 * （0.415）	0.245 ** （0.287）	0.293 *** （3.067）
Infra	0.416 *** （5.465）	0.431 *** （6.162）	0.510 *** （6.544）
IPP	0.445 ** （0.569）	0.567 *** （4.352）	0.288 * （0.254）
截距项	1.415 * （0.687）	2.012 ** （1.448）	0.699 *** （5.638）
R²	0.526	0.517	0.483
样本数	21600	7875	13725

注：*、**、*** 分别表示在 10%、5%、1% 水平上的显著性，括号内为对应的 t 值。回归过
程采用 "Bootstrap" 2000 次。

进一步结合理论假说 2 和 3 可以发现，对所有经济体而言，如果企业生产率 ψ^* 满足 $\psi^* \in (0, 3.014)$，企业将退出出口市场；如果企业生产率 ψ^* 满足 $\psi^* \in (3.014, 4.236)$，企业将继续出口，但不会进行技术升级；如果企业生产率 ψ^* 满足 $\psi^* \in (4.236, \psi^{max})$，企业将选择技术升级。即贸易伙伴 TPU 的变化会通过影响高技术产业出口进入生产率门限值（出口进入门限值）以及技术升级生产率门限值（技术升级门限值）两种途径（二元边际）影响高技术企业出口。最终，所有企业的出口变化会改变整个高技术产业的出口技术复杂度。

第四节　本章小结

基于贸易伙伴 TPU 影响一国产业出口技术复杂度的理论结论，结合第四章测度的高技术产业出口技术复杂度以及各经济体贸易伙伴 TPU 的长跨度时间面板序列数据（25 年），本章进一步从总经济体（96 个）、发达经济体（35 个）以及新兴市场经济体（61 个）三个样本层面验证了理论分析的核心结论：贸易伙伴 TPU 上升不利于一国高技术产业出口技术复杂度的提高，这一结论经过内生性处理及稳健性检验以后依然可信。其中，稳健性检验部分借鉴梅雷迪思等（2018）的"关税回音"理论，使用一国出口企业在上一期、任一出口市场是否被贸易伙伴发起技术性贸易壁垒作为虚拟变量来衡量 TPU，回归结果显示基于非关税政策的 TPU 也不利于一国高技术产业出口技术复杂度的提高，且与基于关税的 TPU 相比，基于非关税政策变动的 TPU 带来的抑制效应更强，这启示我们要更加警惕贸易伙伴发起的技术性贸易壁垒。

第三章理论部分指出，贸易伙伴 TPU 上升会抑制一国产业出口技术复杂度的提高，具体影响路径可以表述为：贸易伙伴 TPU 上升影响产业出口，而产业出口变动影响一国产业出口技术复杂度。在这一过程出口起到了重要的中介作用，中介向效应模型正好可以全面检验这一影响机制。理论分析还表明生产率会调节出口在贸易伙伴 TPU 和产业出口技术复杂度之间的中介作用。因此，本章构建了一个基于生产率调节的中介效应模型，该模型可以全面检验贸易伙伴 TPU 影响高技术产业出口技术复杂度的理论机制，探讨高技术产业出口在这一过程中的中介作用以及生产率高低对这一中介的调节作用。理论和实证结果均证明了出口和生产率对于一国高技术产业出口技术复杂度深化的重要性，强化了高技术产业的生产率在应对贸易伙伴 TPU 冲击深化高技术产业出口技术复杂度的作用。可见，随着贸易伙伴 TPU 冲击的日益频繁及严重，高技术产业生产率的高低是企业在出口市场存活的关键，更是一国维持产业出口技术复杂度深化的关键。

贸易伙伴 TPU 影响高技术产业出口技术复杂度的理论机制表明这一过程存在"生产率门限效应"，但限于技术水平理论模型未推导出具体的门限值，实证过程也没有有效识别生产率的"门限效应"。为了验证这一门限特征，本章最后以高技术产业生产率为门限变量设立了面板门限模型。总样本、发达经济体样本以及新兴市场经济体样本的回归结果均证实了贸易伙伴 TPU 与高技术产业出口技术复杂度之间确实存在生产率门限效应，面板门限回归结果进一步呼应和强化了理论分析结果。其中，对所有经济体而言，如果企业生产率 ψ^* 满足 $\psi^* \in (0, 3.014)$，企业将退出出口市场；如果企业生产率 ψ^* 满足 $\psi^* \in (3.014, 4.236)$，企业将继续出口，但不会进行技术升级；如果企业生产率 ψ^* 满足 $\psi^* \in (4.236, \psi^{max})$，企业将选择技术升级。

| 第六章 |

深化高技术产业出口技术复杂度的
动力机制检验及中国对策

　　理论分析指出，高技术企业自身生产率的提高是一国应对贸易伙伴 TPU 冲击深化产业出口技术复杂度的关键，受到贸易伙伴 TPU 冲击后，市场上存活的高生产率企业为了保持市场地位以及应对下一轮 TPU 冲击会主动进行技术升级，企业技术升级成功与否取决于巨额而持续的技术升级资本投入以及所在经济体的人力资本结构禀赋情况。因此，可以说，企业所能获得的技术升级资本以及人力资本结构情况可以提高企业技术升级成功的概率，进而提高企业生产率深化高技术产业出口技术复杂度。图 6.1 可以帮助我们厘清一国高技术产业在受到贸易伙伴 TPU 冲击后关于下一时期的技术升级、生产率、TPU 和产业出口技术复杂度三者之间的内在逻辑。还需要说明一点，图 6.1 中进行技术升级的企业主体是受到 TPU 冲击存活下来且决定进行技术升级的高生产率企业，也就是第五章得出的生产率大于技术升级门限值的企业。

图 6.1　TPU 冲击下高技术产业出口技术复杂度深化动力

　　本书已经就"生产率在应对贸易伙伴 TPU 冲击深化高技术产业出口技术复杂度过程中的重要作用"进行了理论论证和实证检验，也就是验证了

图 6.1 的后半部分。技术升级对企业以及产业生产率提高的促进作用已经得到了大量理论与实践的验证，本书也进行了详细的论证，这里不再赘述。接下来，本章主要集中探讨一国增加技术升级资本与优化人力资本结构对深化一国高技术产业出口技术复杂度的重要作用，这两个因素也是第三章理论部分得出的一国应对贸易伙伴 TPU 冲击深化高技术产业出口技术复杂度的两个关键因素，高技术企业技术升级能否成功的根本就在于技术升级资本与人力资本结构能否有效互补并动态匹配。

由于本部分聚焦于受到贸易伙伴 TPU 冲击后存活下来并进行技术升级的高生产率企业，因此，样本选择上和第五章有所不同。按照第五章识别出的生产率门限值，将各年度生产率满足 $\psi^* \in (0, 3.014)$ 的高技术企业所在的经济体称为较低生产率经济体，满足 $\psi^* \in (3.014, 4.236)$ 的高技术企业所在的经济体称为中等生产率经济体，满足 $\psi^* \in (4.236, \psi^{max})$ 的高技术企业所在的经济体称为较高生产率经济体，较高生产率经济体即是达到技术升级门限值的经济体。因此将 1995～2020 年 96 个经济体划分为较低生产率经济体、中等生产率经济体以及较高生产率经济体三大类。其中，在考察期内较高生产率经济体数量变化情况如图 6.2 所示。通过图 6.2 可以发现，较高生产率经济体数量的波动态势与 TPU 冲击一致，这也间接验证了本书的理论假说 2：随着贸易伙伴 TPU 的上升，关税上升为关税上限的可能性上升，企业升级门限值提高，对应的升级生产率门限提高，达到升级生产率门限的企业数量减少，进行技术升级的企业减少。这样，达到技术升级的经济体数量也减少了。

统计数据还显示，在考察期内，较高生产率经济体出现 346 次，仅占总样本比重的 15.21%。这意味着在考察期内剩下的 84.79% 的经济体在受到贸易伙伴 TPU 冲击时无法跨越技术升级的生产率门限值，对这些经济体而言，想要依靠技术升级提高生产率应对贸易伙伴 TPU 冲击还不太现实。可见，在全球高技术产业面临 TPU 冲击时，仅有少数生产率较高的经济体可以进行技术升级以进一步深化高技术产业出口技术复杂度。

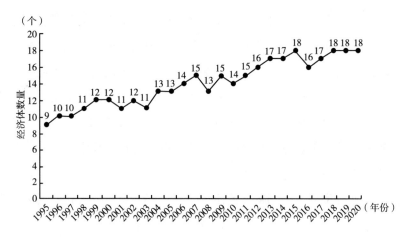

图 6.2　1995～2020 年较高生产率经济体数量变化情况

注：作者通过整理第五章第三节的处理结果绘制。

表 6.1 进一步报告了各年度具体的较高生产率经济体。表 6.1 显示所有年份中美国、德国、法国、英国、瑞士、新加坡、中国香港、日本 8 个经济体均在此范围内，这些经济体的高技术产业不仅具有较高的生产率，也是在全球 TPU 上升的大背景下技术创新与技术升级的主力军。表 6.1 还显示中国于 2010 年进入高生产率经济体行列，位居第 14，此后各年度一直在高生产率经济体行列，且排名逐渐上升，2020 年排名升至第 9 位。可见，我国高技术产业生产率已经得到了大幅提升。不过，与稳居前列的美国、德国、瑞士、日本、新加坡等发达经济体相比，我国高技术产业生产率还有很大的上升空间。还有一点需要指出的是，中国香港自 1995 年便稳居较高生产率经济体的前列，在高技术产业领域展现了较强的技术创新与研发实力，因此，在合作策略上我国可借助香港地区的先天优势来提升我国整体高技术产业的生产率和出口技术复杂度。

表 6.1	1995～2020 年较高生产率经济体具体情况
年份	高生产率经济体（按生产率从高到低排序）
1995	日本、美国、德国、法国、英国、瑞士、荷兰、新加坡、中国香港
1996	美国、日本、德国、法国、英国、瑞士、新加坡、荷兰、中国香港、意大利
1997	美国、日本、德国、英国、法国、瑞士、新加坡、中国香港、意大利、瑞典

续表

年份	高生产率经济体（按生产率从高到低排序）
1998	美国、德国、日本、英国、法国、瑞士、荷兰、新加坡、中国香港、意大利、瑞典
1999	美国、日本、德国、英国、法国、瑞士、荷兰、新加坡、中国香港、意大利、爱尔兰、瑞典
2000	美国、日本、德国、英国、法国、瑞士、中国香港、新加坡、荷兰、加拿大、意大利、爱尔兰
2001	美国、日本、德国、英国、法国、瑞士、荷兰、中国香港、爱尔兰、新加坡、加拿大
2002	美国、德国、日本、英国、法国、爱尔兰、瑞士、荷兰、中国香港、比利时、新加坡、意大利
2003	美国、德国、日本、法国、英国、瑞士、荷兰、爱尔兰、比利时、中国香港、新加坡
2004	美国、德国、日本、法国、英国、荷兰、瑞士、比利时、爱尔兰、新加坡、中国香港、意大利、加拿大
2005	美国、德国、日本、法国、英国、荷兰、瑞士、比利时、爱尔兰、中国香港、意大利、加拿大、新加坡
2006	美国、德国、英国、法国、日本、荷兰、瑞士、比利时、中国香港、爱尔兰、新加坡、意大利、加拿大、瑞典
2007	美国、德国、法国、英国、荷兰、日本、瑞士、比利时、新加坡、中国香港、爱尔兰、意大利、加拿大、瑞典、奥地利
2008	美国、德国、法国、日本、荷兰、瑞士、英国、比利时、新加坡、中国香港、爱尔兰、意大利、加拿大
2009	德国、美国、法国、日本、瑞士、荷兰、比利时、中国香港、英国、新加坡、爱尔兰、意大利、加拿大、奥地利、瑞典
2010	德国、美国、法国、日本、瑞士、荷兰、新加坡、中国香港、英国、比利时、爱尔兰、意大利、加拿大、中国
2011	德国、美国、法国、日本、瑞士、荷兰、新加坡、中国香港、英国、比利时、爱尔兰、意大利、加拿大、中国、瑞典
2012	德国、美国、法国、日本、瑞士、新加坡、中国香港、荷兰、英国、比利时、中国、意大利、加拿大、爱尔兰、韩国、瑞典

续表

年份	高生产率经济体（按生产率从高到低排序）
2013	德国、美国、法国、瑞士、中国香港、新加坡、荷兰、日本、英国、比利时、中国、意大利、加拿大、爱尔兰、韩国、奥地利、瑞典
2014	德国、美国、法国、瑞士、中国香港、英国、荷兰、新加坡、日本、中国、比利时、意大利、爱尔兰、加拿大、韩国、奥地利、瑞典
2015	美国、德国、瑞士、中国香港、法国、英国、新加坡、荷兰、日本、中国、爱尔兰、比利时、韩国、加拿大、意大利、奥地利、瑞典、丹麦
2016	美国、德国、瑞士、中国香港、法国、新加坡、英国、荷兰、日本、中国、爱尔兰、比利时、韩国、意大利、加拿大、丹麦
2017	德国、美国、中国香港、瑞士、法国、新加坡、荷兰、日本、英国、中国、爱尔兰、韩国、比利时、意大利、加拿大、丹麦、奥地利
2018	德国、美国、中国香港、瑞士、法国、新加坡、荷兰、日本、中国、爱尔兰、英国、韩国、比利时、意大利、加拿大、丹麦、奥地利、瑞典
2019	美国、德国、中国香港、瑞士、荷兰、法国、新加坡、日本、中国、爱尔兰、英国、韩国、比利时、意大利、加拿大、丹麦、奥地利、瑞典
2020	美国、德国、中国香港、瑞士、荷兰、法国、新加坡、日本、中国、爱尔兰、英国、韩国、比利时、意大利、加拿大、丹麦、奥地利、瑞典

注：作者根据第五章第三节处理结果整理得到。

第一节　研究设计、变量与数据说明

一、研究设计

为了验证"技术升级资本投入"和"人力资本结构高级化"这两个深化动力对高技术产业出口技术复杂度的影响，本书构建了模型6.1。模型设定如下：

$$PRODY_{ct} = \alpha_1 + \eta_1 R\&D_{ct} + \kappa_1 Hstruc_{ct} + \lambda_1 R\&D_{ct} \cdot Hstruc_{ct}$$
$$+ \rho_1 Z_{ct} + \gamma_{1c} + \nu_{1t} + \varepsilon_{1ct} \tag{6.1}$$

为了进一步验证这两个深化动力在应对贸易伙伴 TPU 冲击深化高技术产业出口技术复杂度中的作用，本书进一步构建了模型（6.2）。模型设定如下：

$$PRODY_{ct} = \alpha_2 + \beta_2 TPU_{ct} + \eta_2 R\&D_{ct} + \kappa_2 Hstruc_{ct} + \lambda_2 R\&D_{ct} \cdot Hstruc_{ct}$$
$$+ \mu_2 TPU_{ct} \cdot R\&D_{ct} \cdot Hstruc_{ct} + \rho_2 Z_{ct} + \gamma_{2c} + \nu_{2t} + \varepsilon_{2ct} \tag{6.2}$$

其中，$PRODY_{ct}$ 代表 t 年 c 国的高技术产业出口技术复杂度，TPU_{ct} 代表 t 年 c 国贸易伙伴的贸易政策不确定性，具体说明同第五章，这里不再赘述。$R\&D_{ct}$ 和 $Hstruc_{ct}$ 分别代表 t 年 c 国投入的技术升级资本和人力资本结构高级化水平。依据相关经济学理论并参考相关文献，相关控制变量 Z_{ct} 选取 c 国 t 年的经济发展水平（GDP_{ct}）、进口贸易依存度（FT_{ct}）、外商直接投资（FDI_{ct}）、基础设施建设（$Infra_{ct}$）、知识产权保护水平（IPP_{ct}）以及金融发展水平（Fin_{ct}）。

考虑到任何经济因素变化本身都具有一定的惯性，贸易作为一个动态的连续过程，也不可避免地存在惯性（杜立民，2010；刘洪铎，2016）。戴魁早（2018）也指出，一国高技术产业出口技术复杂度不仅受到当前因素影响，还受上期产业出口技术复杂度的影响，引入动态模型滞后项可以在一定程度上控制遗漏变量带来的影响，增加分析结果的稳健性。鉴于此，结合本书研究的需要，下面引入高技术产业出口技术复杂度的滞后一期，将静态模型（6.2）扩展成动态模型（6.3），即：

$$PRODY_{ct} = \alpha_3 + \nu_3 PRODY_{ct-1} + \beta_3 TPU_{ct} + \eta_3 R\&D_{ct} + \kappa_3 Hstruc_{ct}$$
$$+ \lambda_3 R\&D_{ct} \cdot Hstruc_{ct} + \mu_3 TPU_{ct} \cdot R\&D_{ct} \cdot Hstruc_{ct}$$
$$+ \rho_3 Z_{ct} + \gamma_{3c} + \nu_{3t} + \varepsilon_{3ct} \tag{6.3}$$

被解释变量滞后期 $PRODY_{ct-1}$ 的引入会导致被解释变量与随机干扰项相关，从而产生内生性问题。系统 GMM 是运用较为广泛的解决内生问题的方法，参考大部分文献的做法，本书也采用系统 GMM 解决内生性问题。系统 GMM 估计是矩估计方法的一般化，估计过程中不需要了解随机误差项的具体分布信息，并且允许存在异方差和序列相关。因此，系统 GMM 估计得到的参数更为有效（李群峰，2010）。

第三章理论分析指出，当部分技术升级资本转化为人力资本"间接参与生产"时，可以将非熟练劳动力培养成熟练劳动力，整个产业以及国家的人力资本将向高级状态演化。而一国人力资本结构的高级化使得企业技术升级成功的概率更大，对企业生产率的提升贡献更大（Nelson and Phelps，1966；胡永远和刘智勇，2004；黄燕萍等，2013；刘智勇等，2018），也更有利于应对贸易伙伴 TPU 冲击深化该国产业出口技术复杂度。模型（6.3）交互项 $R\&D_{ct} \cdot Hstruc_{ct}$ 的系数 λ_3 部分反映了这一效应，预期其符号为正。λ_3 预期符号为正意味着两者的良好互动可以实现当前高技术产业技术升级、提高生产率、促进产业出口技术复杂度提升。交互项 $TPU_{ct} \cdot R\&D_{ct} \cdot Hstruc_{ct}$ 的系数 μ_3 则反映了技术升级资本与人力资本结构的共同作用对 TPU 和高技术产业出口技术复杂度关系的影响效应，预期其符号为负。μ_3 预期为负意味着两者的提高以及动态匹配会削弱贸易伙伴 TPU 对高技术产业出口技术复杂度深化的抑制作用。

二、变量及数据说明

本章实证所需的相关变量 $PRODY_{ct}$、TPU_{ct}、GDP_{ct}、FT_{ct}、FDI_{ct}、$Infra_{ct}$、IPP_{ct} 已经在前面做过详细说明，这里不再赘述。下面主要对 $R\&D_{ct}$、$Hstruc_{ct}$ 以及 Fin_{ct} 进行说明，各变量的确定及数据来源具体如下：

1. 技术升级资本 $R\&D_{ct}$。本书使用 R&D 费用投入强度来衡量获得的技术升级资本，具体使用 R&D 费用投入占 GDP 的比重表示。理论分析中将技术升级资本的来源分为企业自身的内源资金积累、政府补助以及社会投资者等提供的外援资金之和，这里不对其进行细分，统一由企业获得的 R&D 费用投入度量。原因在于，按照本书的理论分析，那些生产率较低的企业已经在上一期的 TPU 冲击中退出市场，进行技术升级的企业都是在上一期的 TPU 冲击中存活下来的高生产率企业。因此，在可以获得的一组面板数据中，可以被获得的都是幸存下来的高生产率企业，因而获得的 R&D 费用投入可以近似认为是高生产率企业获得的 R&D 费用投入。

2. 人力资本结构高级化水平 $Hstruc_{ct}$。从投资主体的需求决策视角来看，人力资本投资的本质也是投资主体的需求决策过程，存在着类似于马斯洛式层次结构关系（陈浩，2007）。1979 年诺奖获得者舒尔茨构建了人力资本理论的框架，该理论认为人力资本包括"量"和"质"两个方面。胡永远和刘智勇（2004）将人力资本分为三种类型，分别为一般型、技能型以及创新型，并通过实证分析证明高质量的创新型人力资本对经济增长的贡献不断增大。袁富华等（2015）指出，高层次人力资本深化存在跃迁现象，且这一过程与高生产率循环累积，并且大多数发展中国家面临人力资本层次较低的问题，这也导致发展中国家生产效率提升速度较慢。可见，一个国家创新型人力资本比重越高，人力资本的结构就越高级，对技术溢出的吸收消化能力和实物资本的使用能力就会越高，越能促进一国的技术创新，从而促进高技术产业整体生产率的提高。

教育被认为是最重要的人力资本积累方式，众多学者延续教育异质性体现人力资本不同质量层次的假设对人力资本结构进行了研究（姚先国和张海峰，2008；刘志勇等，2018；张宽和黄凌云，2020）。黄燕萍等（2013）指出，初级教育作为生产要素直接促进社会的最终产出，而高级教育则通过加快社会技术创新与模仿的速度进而提高整个社会的全要素生产率。刘志勇等（2018）以我国为研究对象，依据我国教育体制的实际将人力资本分为五大类，分别为文盲半文盲、小学、初中、高中和大专以上，并构建了考虑各层次人力资本相对变化的人力资本结构高级化指数。这一测度方法在学术界得到广泛应用。本书研究的对象是世界各国，由于世界各国教育体制是不同的，因此不能完全按照刘智勇等（2018）的分类方法。如美国将教育分为三个阶段，包括小学教育、初中教育和高中教育；日本则将教育分为四个阶段，包括学前教育、初等教育、中等教育和高等教育；英国则将教育分为五个阶段，包括幼儿园教育、小学教育、中学教育、高等教育与继续教育，其中，中学教育和高等教育之间又有两年的中学高级班（大学预备班）。鉴于此，本书按照联合国教科文组织统计研究所的统计数据，将各经济体的人力资本分为学前教育、小学教育、中学教育和高等教育四类，并构建考虑各层次人力资本相对变化的人力资本结构高级化指数。

人力资本结构与产业结构类似，是一个动态演变的过程（刘智勇等，2018；吉生保等，2020）。配第—克拉克定理指出，国内经济的发展和人均国民收入水平的变化与国民经济中的三次产业的比重密切相关，产业结构也随着该比重由低级向高级不断演进。本书借鉴靖学青（2005）测度产业结构高级化的方法测度人力资本结构高级化指数，具体计算公式为：

$$\text{Hstruc} = \sum_{i=1}^{4} (\theta_i \cdot i) \tag{6.4}$$

Hstruc 越大，说明人力资本结构越高级。其中，$i = 1, 2, 3, 4$，θ_i 分别为学前教育、小学教育、中学教育和高等教育四种教育类别与官方规定的教育水平年龄段总人口的比值。这里 θ_i 代表的总入学率可能超过 100%，因为包含了较早或较晚入学及复读的超龄和小龄学生。

3. 金融发展水平 Fin_{ct}。金融发展水平不仅可以拓宽高技术产业的融资渠道，还能够优化投资环境，提高高技术产业 R&D 效率，直接促进高技术产业出口技术复杂度。该指标采用金融部门提供的国内信贷占国内生产总值的比值表示。

在计算技术升级资本 $\text{R\&D}_{ct}$、人力资本结构高级化水平 Hstruc_{ct} 以及金融发展水平 Fin_{ct} 时，本书依然计算了 96 个经济体 1995~2019 年的数据，这样方便在下文的实证分析中依据具体情况选择样本及样本区间。其中，计算 $\text{R\&D}_{ct}$ 与 Hstruc_{ct} 的原始数据来源于联合国教科文组织统计研究所，Fin_{ct} 的原始数据来源于 IMF 的《国际金融统计》和数据文件以及 OECD 提供的 GDP。

第二节　高技术产业出口技术复杂度
深化动力回归分析

一、两个深化动力对高技术产业出口技术复杂度的影响

表6.2报告了1995~2020年总样本经济体、较低生产率经济体以及较高生产率经济的"技术升级资本投入"和"人力资本结构高级化"两个深化动力对高技术产业出口技术复杂度影响的回归结果。其中，总样本经济体为96个，较高生产率经济体为表6.1中列出的经济体，较低生产率经济体为生产率满足 $\psi^* \in (0，3.014)$ 的经济体。根据 Hausman 检验结果，三个样本均采用随机效应模型（REM）进行回归。从回归结果来看，三个样本经济体在加入控制变量前后，技术升级资本投入（$R\&D_{ct}$）和人力资本结构高级化指数（$Hstruc_{ct}$）的系数都显著为正，说明这两个深化动力的提高对不同发展程度的经济体的高技术产业出口技术复杂的提高都有促进作用，验证了理论假说5和假设6。

表6.2　　　　两个深化动力对高技术产业出口技术复杂度的影响

解释变量	被解释变量 PRODY					
	总样本经济体（1）		较低生产率经济体（2）		较高生产率经济体（3）	
R&D	0.315 ** (0.452)	0.326 *** (4.432)	0.368 ** (0.562)	0.372 *** (4.835)	0.308 ** (0.631)	0.311 *** (4.675)
Hstruc	0.347 ** (0.415)	0.339 ** (0.842)	0.201 ** (0.297)	0.235 ** (0.341)	0.453 ** (0.486)	0.516 *** (9.223)
GDP		0.398 ** (1.511)		0.411 *** (5.756)		0.482 ** (1.344)
FT		− 0.342 ** （− 1.025）		− 0.376 （− 0.682）		− 0.278 ** （− 0.653）

续表

解释变量	被解释变量 PRODY					
	总样本经济体（1）		较低生产率经济体（2）		较高生产率经济体（3）	
FDI		0.252 ***		0.339 **		0.206 **
		(3.871)		(0.785)		(0.564)
Infra		0.431 ***		0.437 ***		0.429 ***
		(6.435)		(5.872)		(6.139)
IPP		0.243 **		− 0.016 **		0.387 ***
		(0.850)		(−0.132)		(4.479)
Fin		0.376 **		0.395 ***		0.457 **
		(1.653)		(5.827)		(0.523)
截距项	0.435 *	0.356 **	0.521 *	0.496 ***	0.684 *	0.715 **
	(0.271)	(0.431)	(0.245)	(5.611)	(0.327)	(0.463)
Hausman 检验	7.263 [0.521]		4.266 [0.379]		5.168 [0.435]	
R²	0.327	0.658	0.349	0.622	0.431	0.608
样本数	21600	21600	4477	4477	3123	3123

注：*、**、***分别表示在10%、5%、1%水平上的显著性，小括号内为对应的 z 统计量，中括号内数值为相应统计量的 P 值。

表 6.2 的回归结果还显示技术升级资本投入（R&D$_{ct}$）的回归系数在三个样本经济体中的回归系数均显著为正，说明技术升级资本投入（R&D$_{ct}$）对所有经济体的高技术产业出口技术复杂度都有提升作用，但在较低生产率样本体中的系数最高，这说明技术升级资本投入（R&D$_{ct}$）对低生产率经济体的高技术产业出口技术复杂度的提升作用更大。结合联合国教科文组织公布的数据发现，较高生产率经济体的技术升级资本投入（R&D 投入）远远大于较低生产率经济体的技术升级资本投入，而回归结果却显示每增加一单位的技术升级资本对较高生产率经济体高技术产业出口技术复杂度的提升作用较低。这说明技术升级资本的投入和其他要素投入一样遵循边际效益递减规律，较高生产率经济体或许已经处于 R&D 投入边际效率递减阶段，盲目增加 R&D 投入的意义不大，尤其应避免盲目增加 R&D 投入而陷入"R&D

崇拜"陷阱（史丹和李晓斌，2004；韩慧霞和李静，2020）。与此同时，较低生产率经济体在增加技术升级资本时也应注意这一规律，同时注重提高R&D效率。

进一步观察回归结果发现，人力资本结构高级化指数（$Hstruc_{ct}$）的回归系数在三个样本经济体中也都显著为正，说明人力资本结构越高级对所有经济体的高技术产业出口技术复杂度就越有提升作用。但在较高生产率样本中该系数明显偏高，这说明人力资本结构高级化指数对较高生产率经济体的高技术产业出口技术复杂提升作用最大。可能的原因是较高生产率经济体处在高技术产业链和价值链高端，主要投入技术、知识和资本等高级要素并从事高技术产品的研发设计以及高集成度零部件的生产，只有更高级的人力资本结构能够发挥其效用，从而更好地促进高技术产业出口技术复杂度的提升。而处在高技术产业链和价值链低端的较低生产率经济体主要投入资源、低技术劳动力等低级要素，将从发达经济体进口的大量高集成度的零部件按照其研发设计要求进行组装加工后再出口，这种参与国际贸易的生产方式使得高素质的人力资本对高技术产业出口技术复杂度的拉动作用有限。

从表6.2的控制变量回归结果来看，经济发展水平（GDP_{ct}）、外商直接投资（FDI_{ct}）、基础设施建设（$Infra_{ct}$）以及金融发展水平（Fin_{ct}）都能显著促进一国高技术产业出口技术复杂度提升。知识产权保护水平（IPP_{ct}）在较低生产率经济体样本中的系数显著为负，这说明对较低生产率经济体而言，过高的知识产权保护水平由于不利于通过技术溢出提升产业技术水平，从而对高技术产业出口技术复杂度提升产生负向影响。三个样本中进口贸易依存度（FT_{ct}）对一国高技术产业出口技术复杂度的影响在所有样本中均为负，说明对任何一类经济体而言，对国外产品的"进口依赖"都不利于其高技术产业出口技术复杂度的提高。

二、TPU冲击下深化高技术产业出口技术复杂度回归分析

下面对模型6.3进行回归以验证"技术升级资本投入"和"人力资本

结构高级化"两个深化动力在应对贸易伙伴 TPU 冲击深化一国高技术产业出口技术复杂度过程中的作用。样本选择表 6.1 所示的较高生产率经济体，样本区间依然为 1995～2020 年。前述指出采用系统 GMM 来解决被解释变量滞后期的引入产生的内生产性问题，因此，下面本书采用系统 GMM 来对模型 6.3 进行回归。进行系统 GMM 回归时最关键的是选择合适的工具变量，这里依然选用"自然灾害指数"作为工具变量，检验结果表明工具变量的选择皆是合理有效的。为了进一步确保模型估计的可靠性，本书在表 6.3 第（2）列、第（3）列对动态混合估计模型（动态 POLS）和动态固定效应模型（动态 FE）估计结果进行对比。当 $PRODY_{ct-1}$ 的系统 GMM 估计系数介于 POLS 和 FE 估计系数之间就表明系统 GMM 估计结果可以接受（戴魁早，2018）。

对比表 6.3 前 3 列的系统 GMM、动态 POLS 以及动态 FE 估计结果发现，系统 GMM 的估计结果并没有因为工具变量以及样本的选择不同而出现明显偏差，这说明系统 GMM 的估计结果较为可靠。以表 6.3 第（1）列的系统 GMM 回归结果为基准进行分析发现，高技术产业出口技术复杂度的滞后一阶变量 $PRODY_{ct-1}$ 的回归系数显著为正，表明前期的高技术产业出口技术复杂度与当期的高技术产业出口技术复杂度正相关。这说明高技术产业的贸易行为的确存在惯性，该产业出口技术复杂度提升是一个连续、累积的过程，也验证了本书使用动态面板模型是必要的。表 6.3 第（1）列系统 GMM 回归结果显示 TPU 的系数显著为负，进一步验证了上文得出的"贸易伙伴 TPU 的上升不利于一国高技术产业出口技术复杂度上升"结果的稳健性，并且对于这些生产率较高的样本经济体而言，TPU 系数的绝对值远远小于总样本经济体的系数（限于篇幅，未在文中报告），这说明随着一国生产率的整体提高，其高技术产业应对外部 TPU 冲击的能力更强。

表 6.3 第 1 列系统 GMM 回归结果还显示技术升级资本（R&D）和人力资本结构高级化水平（Hstruc）的回归系数均显著为正，且 Hstruc 的系数更大，这说明相对于技术升级资本，一国人力资本结构高级化对高技术产业出口技术复杂度的促进作用更为显著。表 6.3 中系统 GMM 回归结果还显示技

术升级资本和人力资本结构高级化的交互作用 $R\&D_{ct} \cdot Hstruc_{ct}$ 对高技术产业出口技术复杂度的影响远远大于任何一个单独项的作用，这说明两者的互动可以实现高技术产业出口技术复杂度更大程度的提升。表 6.3 中系统 GMM 回归结果还显示 $TPU_{ct} \cdot R\&D_{ct} \cdot Hstruc_{ct}$ 的系数显著为 -0.173，这说明技术升级资本与人力资本结构高级化的共同作用显著削弱了贸易伙伴 TPU 对高技术产业出口技术复杂度的抑制效应。可见，两者的提高以及动态匹配对应对贸易伙伴 TPU 冲击深化一国高技术产业出口技术复杂度非常重要。这些结果启示各经济体通过增加技术升级资本投入提升高技术产业出口技术复杂度时，应该将一定比例的技术升级资本用于劳动力在职培训、教育和健康投资、经验积累以及"干中学"等"间接参与生产"，技术升级资本这种"迂回"参与生产的方式更有利于人力资本结构升级，从而形成一种"人力资本结构高级化、产业出口技术复杂度深化"的循环累积路径。这与理论假说 6 的结论相吻合，也再次证明了进行技术升级的高生产率企业能否依据自身的要素禀赋情况将部分技术升级资本转化为人力资本成功完成"惊险的跳跃"是产业出口技术复杂度长期深化的另一个关键问题。

表 6.3 第（1）列由于表 6.3 回归使用的样本均属于较高生产率经济体，所以相关控制变量与总样本回归相比对一国高技术产业出口技术复杂度提升作用更强了。如经济发展水平（GDP）、外商直接投资（FDI）、基础设施建设（Infra）以及金融发展水平（Fin）的系数都有明显提高。究其原因，可能是对于这些生产率较高的经济体而言，已经具备扎实的基础研究水平、雄厚的技术创新能力、完善的技术转化机制以及丰富的物质资本和人力资本，要素禀赋结构已经处于高级阶段，各种有利因素才更能发挥自身的作用。

此外，表 6.3 第（4）～第（6）列还报告了稳健性回归结果。具体而言，运用汉德利和利茂（2013）的方法［式（4.4）］取 $\sigma = 3$ 重新计算 TPU 得到 TPU_1；运用格罗波和皮尔马尔丁（2014）的方法重新计算 TPU 得到 TPU_2；使用基于非关税壁垒的贸易政策不确定性指数 TPU_3。稳健性回归结果表明本书关注的相关变量的系数并没有发生大的变化，再一次说明上述系统 GMM 回归结果稳健。

表6.3 　　　　　　　　　**基于生产率调节的中介效应机制检验结果**

解释变量	被解释变量 PRODY					
	系统 GMM (1)	动态 POLS (2)	动态 FE (3)	稳健性检验		
				TPU₁ (4)	TPU₂ (5)	TPU₃ (6)
PRODY$_{t-1}$	0.305 *** (4.346)	0.379 *** (5.166)	0.289 ** (1.127)	0.311 ** (1.356)	0.323 *** (4.167)	0.389 *** (4.327)
TPU	−0.241 *** (−5.361)	−0.305 ** (−1.053)	−0.283 *** (−4.167)	−0.276 *** (−3.271)	−0.241 ** (−1.351)	−0.313 ** (−2.314)
R&D	0.393 *** (5.612)	0.388 ** (1.532)	0.392 ** (1.473)	0.395 *** (5.371)	0.387 ** (0.756)	0.392 ** (0.891)
Hstruc	0.489 ** (1.245)	0.471 ** (0.298)	0.485 ** (1.342)	0.489 *** (5.223)	0.484 ** (1.216)	0.477 ** (1.041)
R&D·Hstruc	0.687 *** (8.232)	0.675 ** (2.283)	0.667 *** (7.879)	0.677 ** (1.564)	0.661 * (0.890)	0.668 *** (8.769)
TPU·R&D· Hstruc	−0.173 *** (−2.147)	−0.112 ** (−0.715)	−0.201 * (−0.416)	−0.198 *** (−2.154)	−0.178 ** (−0.736)	−0.112 ** (−0.767)
GDP	0.403 ** (0.784)	0.412 *** (6.134)	0.411 ** (0.765)	0.397 * (0.268)	0.405 ** (1.253)	0.388 ** (0.847)
FT	−0.112 * (−0.128)	−0.327 ** (−0.211)	−0.341 ** (−0.256)	−0.320 ** (−1.145)	−0.311 * (−0.103)	−0.334 ** (−0.319)
FDI	0.203 * (0.379)	0.199 *** (1.256)	0.218 * (0.274)	0.209 ** (1.574)	0.197 *** (3.207)	0.212 ** (1.139)
Infra	0.403 *** (5.376)	0.411 ** (1.173)	0.409 ** (1.479)	0.385 *** (4.118)	0.392 ** (1.216)	0.401 ** (1.241)
IPP	0.352 ** (0.873)	0.276 *** (3.105)	0.284 ** (0.785)	0.361 ** (1.457)	0.377 *** (5.104)	0.358 *** (4.297)
Fin	0.457 ** (0.523)	0.379 ** (1.653)	0.391 *** (5.717)	0.385 ** (0.867)	0.405 *** (6.162)	0.382 ** (0.735)
截距项	0.615 ** (1.273)	2.223 *** (3.451)	1.136 *** (3.564)	1.641 *** (2.542)	2.017 *** (3.125)	3.078 (0.240)
R^2				0.562	0.517	0.652
样本数	10075	10075	10075	10075	10075	10075

注：*、**、*** 分别表示在 10%、5%、1% 水平上的显著性，括号内为对应的 t 值。

第三节 应对 TPU 深化高技术产业出口技术复杂度的调控重点

一、高技术产业出口技术复杂度差异的再解释

本章 6.3 节的回归分析显示，技术升级资本、人力资本结构高级化以及经济发展水平（GDP）、外商直接投资（FDI）、基础设施建设（Infra）以及金融发展水平（Fin）等因素均能促进一国高技术产业出口技术复杂度深化，但这并不代表它们都能较好地解释不同经济体的差异。例如，联合国教科文组织数据显示，2019 年中国技术升级资本投入 3.27 万亿美元，高于德国的1.23 万亿美元、日本的 1.23 万亿美元，更是远远高于新加坡的 0.07 万亿美元、荷兰的 0.21 万亿美元和瑞士的 0.52 万亿美元。然而 2019 年中国高技术产业出口技术复杂度仅为 8361.420 美元，排在第 9 位，高技术产业出口技术复杂度总量及排名均低于上述几个经济体。这说明虽然技术升级资本是高技术产业出口技术复杂度的重要决定因素，但无法解释近年来我国投入了大量技术升级资本却没有达到其他经济体高技术产业出口技术复杂度水平的事实。因此，在考虑各因素对高技术产业出口技术复杂度影响的同时，还要考虑各因素差异对经济体高技术产业出口技术复杂度差异的影响，以客观揭示不同经济体高技术产业出口技术复杂度差距的主要成因。

为了分析技术升级资本、人力资本结构高级化等因素差异对技术产业出口技术复杂度差异的影响，借鉴刘智勇等（2018）构建下述模型：

$$V(PRODY_{ct}) = \alpha_6 + \eta_6 V(R\&D_{ct}) + \kappa_6 V(Hstruc_{ct})$$
$$+ \rho_6 V(Z_{ct}) + \gamma_{6c} + \nu_{6t} + \varepsilon_{6ct} \qquad (6.5)$$

其中，$V(PRODY_{ct})$、$V(R\&D_{ct})$、$V(Hstruc_{ct})$、$V(Z_{ct})$ 依次代表高技术产业出口技术复杂度、技术升级资本、人力资本结构高级化水平以及相关控制

变量在不同经济体之间的差异程度。相关指标的差异程度采用加权变异系数衡量，为了检验模型回归的稳健性，$V(PRODY_{ct})$ 还借鉴杨正林和方齐云（2008）的研究采用基尼系数和 σ 系数进行衡量并回归。其中，加权变异系数（V）、基尼系数（G）和 σ 系数（σ）的计算公式分别为：

$$V(x_{ct}) = \frac{1}{x_{ct}} \sqrt{\frac{\sum_{c=1}^{n} (x_{ct} - \bar{x}_{ct})^2}{n}} \tag{6.6}$$

$$G(x_{ct}) = 1 + \frac{1}{n} - \frac{1}{n^2 \bar{x}_{ct}}(x_{1t} + 2x_{2t} + 3x_{3t} + \cdots + nx_{nt}) \tag{6.7}$$

$$\sigma(x_{ct}) = \sqrt{\frac{\sum_{c=1}^{n} (\ln x_{ct} - \ln \bar{x}_{ct})^2}{n}} \tag{6.8}$$

其中，式（6.7）中有 $x_{1t} \geq x_{2t} \geq x_{3t} \geq \cdots \geq x_{nt}$。举例说明，若计算 c 经济体 t 年的高技术产业出口技术复杂度 PRODY 的加权变异系数，x_{ct} 代表 c 经济体 t 年的高技术产业出口技术复杂度，$\bar{x}_{ct}$ 代表各经济体 t 年 PRODY 的平均值，n 代表经济体的个数。样本选择 96 个经济体，样本区间依然为 1995 ~ 2020 年。

表 6.4 报告了模型 6.5 的回归结果。根据 Hausman 的检验结果，三个样本均采用随机效应模型（REM）进行回归。回归结果显示，无论使用哪种方法对高技术产业出口技术复杂度的差异程度进行衡量，$V(R\&D_{ct})$、$V(Hstruc_{ct})$、$V(GDP_{ct})$ 以及 $V(IPP_{ct})$ 的系数均显著为正，这说明不同经济体的技术升级资本差异 $V(R\&D_{ct})$、人力资本结构高级化程度差异 $V(Hstruc_{ct})$、经济发展水平差异 $V(GDP_{ct})$ 以及知识产权保护差异 $V(IPP_{ct})$ 均能较好地解释高技术产业出口技术复杂度的差异 $V(PRODY_{ct})$。而 $V(FT_{ct})$、$V(FDI_{ct})$、$V(Infra_{ct})$ 以及 $V(Fin_{ct})$ 的系数或者为负，或者在一些回归中不显著，这说明不同经济体的进口贸易依存度差异 $V(FT_{ct})$、外商直接投资差异 $V(FDI_{ct})$、基础设施建设差异 $V(Infra_{ct})$ 以及金融发展水平差异 $V(Fin_{ct})$ 不能较好地解释高技术产业出口技术复杂度的差异 $V(PRODY_{ct})$。进一步比较"能较好地解释

高技术产业出口技术复杂度的差异"的四个变量的系数发现，V（Hstruc$_{ct}$）的系数最大，显著性最强。这说明人力资本结构高级化差距能更好地解释不同经济体高技术产业出口技术复杂度的差异，人力资本结构的不同可以作为客观揭示不同经济体高技术产业出口技术复杂度差距的主要成因。

表6.4　相关因素差异对高技术产业出口技术复杂度差异的影响

解释变量	被解释变量 V（PRODY）					
	加权变异系数		基尼系数		σ 系数	
V（R&D）	3.078 **	3.215 ***	3.328 **	3.301 ***	2.783 **	2.992 ***
	(2.441)	(11.437)	(2.564)	(11.236)	(1.886)	(8.671)
V（Hstruc）	4.362 ***	6.357 **	5.201 **	5.236 **	4.458 **	4.416 ***
	(16.845)	(1.829)	(2.277)	(2.332)	(2.481)	(17.529)
V（GDP）		2.784 **		2.476 ***		2.483 **
		(3.566)		(12.751)		(4.392)
V（FT）		−0.041 *		−0.076		−0.071 **
		(−0.325)		(−0.382)		(−0.413)
V（FDI）		1.456		1.379 *		1.296
		(0.873)		(1.701)		(0.677)
V（Infra）		2.331 *		2.243 *		2.021
		(2.035)		(2.276)		(0.133)
V（IPP）		2.351 **		2.604 **		2.319 ***
		(3.583)		(3.732)		(4.079)
V（Fin）		0.306		0.295		0.271
		(0.475)		(0.457)		(0.521)
截距项	2.425 *	2.356 **	1.875 *	2.138 **	2.688 **	2.545 ***
	(0.754)	(1.275)	(0.245)	(4.233)	(1.307)	(3.561)
Hausman 检验	6.771 [0.595]		5.268 [0.382]		6.234 [0.457]	
R²	0.452	0.751	0.479	0.668	0.434	0.629
样本数	21600	21600	21600	21600	21600	21600

注：*、**、*** 分别表示在10%、5%、1%水平上的显著性，小括号内为对应的 z 统计量，中括号内数值为相应统计量的 P 值。

二、深化中国高技术产业出口技术复杂度调控重点

前述实证研究表明人力资本结构高级化对一国（经济体）高技术产业出口技术复杂度的深化促进效应显著，并且人力资本结构高级化差异能够更好地解释不同经济体高技术产业出口技术复杂度之间差距。进一步结合第三章理论分析的结果可以得出各经济体要想持续深化高技术产业出口技术复杂度就应该高度重视人力资本结构的优化。那么，各国（经济体）政府调控人力资本结构高级化的重点在哪里？为了回答这一问题，先将考察期内全球、发达经济体以及新兴市场经济体人力资本结构高级化指数变化趋势绘制在图 6.3 中。

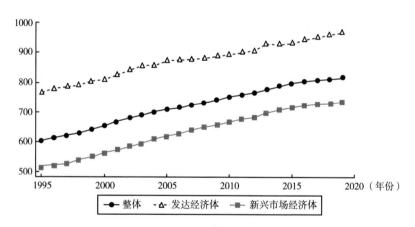

图 6.3 1995~2020 年经济体人力资本结构高级化指数各年均值动态演变

注：作者根据第六章第一节计算得出的各经济体人力资本高级化指数结果绘制。

图 6.3 显示三个样本的人力资本结构高级化指数都呈现出动态上升的态势，发达经济体的人力资本结构高级化优势明显，并且在个别年份存在跃迁现象。结合发达经济体在技术创新、整体生产率以及高技术产业出口技术复杂度方面的优势，可以认为一国人力资本结构的高级化更有利于技术创新、生产率的提高以及高技术产业出口技术复杂度的深化，也更有利于抵御贸易伙伴 TPU 的冲击。对于新兴经济体而言，薄弱的基础研究与技术创新能力、

不健全的技术转化机制以及明显不足的物质资本和人力资本积累共同导致了其要素禀赋结构依然处于低级阶段。抛开新兴市场经济体受到的外部技术封锁、贸易摩擦等不确定事件的影响，假设新兴市场经济体可以充分获得发达经济体高技术产业贸易带来的技术溢出，但如果新兴市场经济体自身要素禀赋结构低级，也无法实现技术创新，只能被锁定在全球价值链的低端重复"引进—消化—吸收—再引进—再消化—再吸收"中，这种高代价的增长模式几乎无法实现高技术产业出口技术复杂度的跨越提升。

为了进一步明确调控人力资本结构高级化的着力点，找出导致人力资本结构高级化差异的主要人力资本类型，将考察期内样本经济体各层次的人力资本类型动态演变展示在图 6.4 中。其中，图 6.4 (a) 为 96 个总样本，图 6.4 (b) 为 35 个发达经济体样本，图 6.4 (c) 为 61 个新兴市场经济体样本。图 6.4 (a) 显示考察期内全球人力资本类型的各层次几乎均呈现出曲折上升的状态，占比由高到低依次为小学教育、中学教育、学前教育和高等教育。进一步观察图 6.4 (a) 发现全球经济体各层次的人力资本类型呈现出不同的态势。其中，高等教育入学率占比相对于其他三个层次的入学率上升得最为迅猛，体现了全球各经济体对高层次人力资本的重视。中学教育入学率占比在 2012 年出现大幅提升，说明全球各经济体对于第三层次人力资本的支持力度在 2012 年开始增加。

图 6.4 (b) 和 (c) 展示了发达经济体和新兴市场经济体各层次的人力资本类型动态演变。图 6.4 (b) 显示发达经济体人力资本类型占比由高到低依次为中学教育、小学教育、学前教育和高等教育，图 6.4 (c) 显示新兴市场经济体人力资本类型占比由高到低依次为小学教育、中学教育、学前教育和高等教育。综合三张图来看，发达经济体第三层次人力资本的占比更高（中学教育），并且在个别年份提升较快；全球与新兴市场经济体排名第一的为第二层次人力资本（小学教育），第三层次人力资本（中学教育）的排名较低。三张图还显示，发达经济体第四层次的人力资本（高等教育）增速最快。进一步结合本书计算所得到的数据发现第四层次人力资本在考察期内的平均占比，发达经济体为 63.90%，新兴市场经济体为 33.57%，这可能

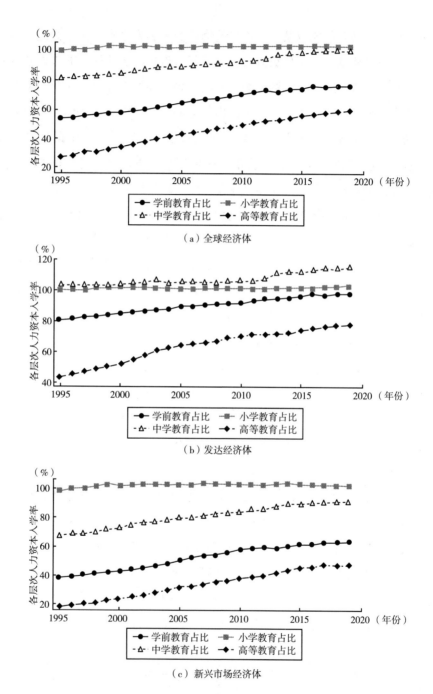

图 6.4　1995～2020 年不同经济体人力资本各层次动态演变

注：作者通过整理联合国教科文组织统计研究所提供的数据绘制。

也是导致发达经济体人力资本结构高级化优势明显的原因之一。从这两个方面而言，增加第三层次和第四层次人力资本的比重可以提升经济体整体的人力资本结构高级化水平，这也应成为各国政府调控人力资本结构高级化的重点。

立足于中国尚处于国际高技术产业链和价值链低端的现状，中国现阶段通过深化高技术产业出口技术复杂度提升人力资本结构高级化存在哪些问题呢？如何进行有针对性的调控呢？为了准确定位中国各层次人力资本水平以及其与全球较高生产率经济体人力资本结构演化的差距，接下来，将中国与部分经济体四个层次的人力资本占比列示于表 6.5 中。通过表 6.5 可以发现，经过 25 年的努力，中国第一、第三以及第四层次人力资本的比重都得到了较大幅度的提升，提升幅度分别为 2.6、0.70、11.24。其中，第四层次人力资本的提升幅度最高，这与国家的教育政策密不可分。从 1999 年以来，我国高校就进行了扩招，随着上大学的人越来越多，受到高等教育的人力资本也得到了很大的提升。不过，还应该看到，我国第四层次人力资本的比重还远远低于发达经济体，甚至达不到全球 61.34% 的平均水平，提升空间巨大。此外，我国第三层次人力资本的提升也呈现出同样的特征，虽然纵向"增长效应"显著，但与全球发达经济体的差距依然巨大。

教育作为最重要的人力资本积累方式，不同层次的教育体现为不同质量的人力资本，第三、第四层次的人力资本作为高级人力资本是一国人力资本结构优化的主体（姚先国和张海峰，2008；张宽和黄凌云，2020）。因此，从我国教育层次的现状来看，通过增加第三层次以及第四层次人力资本的比重提升人力资本结构高级化水平依然是现阶段深化高技术产业出口技术复杂度的调控重点。尤其在我国高素质人力资本短缺和劳动力人口连续下降的背景下，通过增加第三类以及第四类人力资本比重的方式来缓解我国高素质人力资本的制约将有助于优化整体的人力资本结构。

表 6.5 还显示，中国第二层次人力资本在 1995 年就达到了很高的水平，不仅高于全球平均水平，还高于所有发达经济体。从这个方面来讲，中国拥有人力资本高级化的要素基础和要素保障，可为何高层次人力资本（第四层

次）的比重却很小呢？参考袁富华等（2015）的研究，本书对人力资本深化规律的描述为：随着经济体发展，较低层次（学前教育、小学教育）人力资本在总体劳动中的比重先上升后下降，较低次人力资本比重的"下降"被第三层次人力资本（中学教育）比重的上升替换；随着经济体的进一步发展，第三层次人力资本的比重也呈现出先升后降的倒"U"型态势，并且第三层次人力资本比重的"下降"被第四层次人力资本（高等教育）比重的上升替换，直到高层次人力资本广泛分布于社会中。从完整的人力资本梯度升级路径来看，前一层级人力资本池发挥了疏导和缓冲的作用，一旦下一个层级的人力资本"跃迁"出现困难，高层次人力资本（第四层次高等教育）普及的路径就会被阻断。

表 6.5 较高生产率经济体部分年份各层次人力资本占比 单位:%

经济体	θ_1			θ_2			θ_3			θ_4		
	1995 年	2008 年	2019 年	1995 年	2008 年	2019 年	1995 年	2008 年	2019 年	1995 年	2008 年	2019 年
美国	69.59	70.10	71.55	104.11	103.23	105.26	96.67	94.98	99.28	79.17	85.01	88.30
德国	83.21	105.52	107.53	101.38	104.02	105.89	104.96	103.31	105.59	45.33	57.91	70.34
英国	75.75	79.81	107.94	100.80	105.06	106.00	103.10	98.34	120.78	48.26	56.64	61.38
中国香港	85.81	95.82	101.23	98.61	97.95	109.32	81.78	86.02	107.74	25.77	55.41	80.98
中国	24.59	47.09	89.12	111.76	100.74	101.93	50.35	81.71	85.45	4.39	20.68	53.76
瑞士	96.94	100.45	101.81	96.06	102.54	105.48	101.56	95.89	102.57	31.34	48.83	61.38
荷兰	99.79	89.80	86.00	107.23	108.27	109.22	139.70	120.44	134.28	47.47	60.34	87.10
法国	113.09	108.58	107.16	105.27	103.62	103.87	113.96	106.43	104.14	50.38	52.48	67.62
爱尔兰	109.24	102.56	94.49	100.88	102.48	103.03	111.25	111.29	154.91	35.97	54.02	77.28
韩国	86.18	92.84	92.52	103.30	102.88	103.61	98.69	95.05	98.51	48.33	104.09	95.86
比利时	118.21	117.93	114.04	101.80	102.16	103.35	146.50	158.74	155.96	53.43	62.09	78.90
意大利	94.93	99.52	93.04	98.04	104.27	105.25	88.64	101.10	101.35	41.48	66.34	64.29
加拿大	63.93	64.44	64.44	101.81	98.01	101.50	105.15	102.34	114.12	90.54	63.77	70.11
丹麦	81.32	95.86	101.64	100.40	99.61	100.52	117.87	117.84	129.75	45.45	75.68	81.18
奥地利	78.63	93.90	103.30	102.37	100.73	103.32	106.58	99.42	99.96	44.98	65.89	86.69
瑞典	66.58	97.06	98.32	104.24	98.71	128.64	130.75	101.30	151.70	42.40	70.74	72.46
全球均值	53.79	67.79	76.14	99.35	102.92	102.42	80.65	90.61	99.84	27.48	46.88	61.34

注：作者通过整理联合国教科文组织统计研究所提供的数据整理得到。

　　回到刚才的问题，中国第二层次人力资本比例在 1995 年就达到了很高的水平，不仅高于全球平均水平，还高于所有发达经济体。但随后中国第二层次人力资本比例出现了先升后降的趋势，但这一比例的下降并没有被更高层次的人力资本比重上升取代（第三和第四层次人力资本比重远低于其他经济体）。究其原因，一方面，因为更高层次人力资本的打造需要更大力度的政策推动。部分学者指出，致力于提升国家整体技术进步的产业政策应直接针对有助于技术追赶的具体活动，如出台技术创新政策、增加教育支出等（Smith，2002；Srholec；2007）。综观世界上发达经济体高等教育的普及几乎都建立在整个社会良好的创新环境、居民较高的人均收入以及国家政府对教育强有力的政策支持上。反面例子如拉美的个别国家，它们虽然已经具备了较高的经济基础，但由于政府作用的弱化，未能产生像发达经济体那样的人力资本跃迁。另一方面，因为更高层级人力资本的打造需要高收入作为基础（袁富华等，2015）。新古典分析框架坚持所有生产要素按其边际产出获得相应的报酬收入（Ma et al.，2014），即只有高技能劳动力获得超过低技能劳动力更高的要素报酬收入，才能促进现有的要素禀赋优势转化成高素质人力资本（黄群慧和霍景东，2015；李成友等，2018）。这意味着只有打通从资本到人力资本的资本深化通道，使人力资本投资获得与其产出相应的报酬收入并增强技能教育投资的收益预期，才能促进家庭和社会在教育投资领域中加大投入，使更多非熟练动力转化为人力资本（李成友等，2018）。以 2014 年为例，我国金融业的人均工资（108273 元）是科技行业人均工资（82259 元）的 1.32 倍，是制造业人均工资（51369 元）的 2.11 倍。这样的薪酬分布不利于调动我国高素质人力资本的积极性，也不利于充分发挥人力资本在技术创新中的决定性作用，长期如此将严重降低高技术产业的生产率和高技术产业高质量发展的潜力（李静等，2019）。

　　综上所述，增加第三层次和第四层次人力资本的比重依然是我国现阶段提升人力资本结构高级化水平和深化高技术产业出口技术复杂度的调控重点。此外，制定更大力度地推动人力资本形成的政策、制定合理有效的薪酬激励机制、用多种方法提高人力资本的工资水平等则是政府部门和高技术企业努力的具体方向。

第四节　本章小结

本章主要集中探讨了"技术升级资本投入"和"人力资本结构高级化"这两个深化动力在应对贸易伙伴 TPU 冲击深化高技术产业出口技术复杂度中的作用。具体而言，本章主要做了以下几个方面的工作。

第一，本章首先验证了技术升级资本投入和人力资本结构水平对高技术产业出口技术复杂度的影响，得出技术升级资本投入对所有经济体的高技术产业出口技术复杂度都有提升作用，且对低生产率经济体的高技术产业出口技术复杂度的提升作用更大。这说明技术升级资本的投入和其他要素投入一样遵循边际效益递减规律，较高生产率经济体高技术企业或许已经处于 R&D 投入边际效率递减阶段，盲目增加 R&D 投入的意义不大，尤其应避免盲目增加 R&D 投入而陷入"R&D 崇拜"陷阱（史丹和李晓斌，2004；韩慧霞和李静，2020）。人力资本结构高级化对所有经济体的高技术产业出口技术复杂度都有提升作用，且对较高生产率经济体的高技术产业出口技术复杂度提升作用最大。我国在 2010 年开始进入高生产率经济体行列，人力资本结构高级化对我国高技术产业出口技术复杂度提升也非常大。然而，对我国而言，疫情后"去中国化"力量将更趋凸显，美国等西方国家会进一步拉拢其他国家对我国进一步孤立，进一步增强对我国技术和投资限制，外部施压将使我国技术升级步伐放缓，甚至可能存在被迫陷入"技术闭环"的风险。我国高技术产业的发展将彻底告别过去那种"引进技术、模仿发展"的高成本低端发展模式，在高端技术和关键环节必须实现自主创新才能取得重大突破，我国高技术产业的发展对人力资本结构高级化的要求也将更迫切。

第二，本章接着选择较高生产率经济体样本并使用系统 GMM 回归验证了"技术升级资本投入"和"人力资本结构高级化水平"两个深化动力在应对贸易伙伴 TPU 冲击深化高技术产业出口技术复杂度中的作用。回归结果显示，一国人力资本结构高级化对高技术产业出口技术复杂度的促进作用更为显著；技术升级资本和人力资本结构高级化的交互作用对高技术产业出口技术复杂度的影响远远大于任何一个单独项的作用，说明两者的互动可以更好地促进产业出口技术复杂度提升；$TPU_{ct} \cdot R\&D_{ct} \cdot Hstruc_{ct}$ 技术升级资本、人力资本结构高级化和 TPU 三者的交互系数显著为 −0.173，说明技术升级资本与人力资本结构高级化的共同作用显著削弱了贸易伙伴 TPU 对高技术产业出口技术复杂度的抑制效应。这些结果启示各经济体通过增加技术升级资本投入提升高技术产业出口技术复杂度时，应该将一定比例的技术升级资本用于劳动力在职培训、教育和健康投资、经验积累以及"干中学"等"间接参与生产"，技术升级资本这种"迂回"参与生产的方式更有利于人力资本结构升级，从而形成一种"人力资本结构高级化、产业出口技术复杂度深化"的循环累积路径。这与理论假说 6 的结论相吻合，也再次证明了进行技术升级的高生产率企业能否依据自身的要素禀赋情况将部分技术升级资本转化为人力资本成功完成"惊险的跳跃"是产业出口技术复杂度长期深化的另一个关键问题。

第三，本章在考虑技术升级资本、人力资本结构高级化以及其他因素对高技术产业出口技术复杂度促进作用的同时，还考虑了各因素差异对经济体高技术产业出口技术复杂度差异的影响，回归结果显示，人力资本结构高级化差异能更好地解释不同经济体高技术产业出口技术复杂度的差异。在此基础上得出各国政府调控人力资本结构高级化的重点是增加第三层次（中学教育）和第四层次（高等教育）人力资本的比重，由此可以提升经济体整体的人力资本结构高级化水平，这也应成为各国政府调控人力资本结构高级化的重点。立足于中国尚处于国际高技术产业链和价值链低端的现状，增加第三层次（中学教育）和第四层次（高等教育）人力资本的比重依然是我国人力资本结构升级与高技术产业出口技术复杂度深化的调控重点。除此以外，制定更大力度的推动人力资本形成的政策、制定合理有效的薪酬激励机制、用多种方法提高人力资本的工资水平则是我国政府部门和高技术企业努力的具体方向。

第七章

研究结论、政策建议与研究展望

近年来，全球"黑天鹅"事件冲击加上百年变局中大国博弈产生的"多米诺骨牌效应"使得全球 TPU 急剧上升，全球 TPU 的上升对全球经济和贸易发展带来严重影响，各国贸易总量能否进一步提升充满了不确定性。在此节点上，各国出口产品的技术含量和出口企业的生产率俨然成为了能否经受住外部冲击与考验的关键（李洲和马野青，2020）。高技术产业作为一国产业发展的"先头兵"，其出口技术复杂度最能代表一国出口产品的技术含量和出口企业的生产率。因此，不断提升高技术产业出口技术复杂度既是我国应对贸易伙伴 TPU 冲击的有效对策，也是提高我国在全球高技术产业价值链中的分工地位，引领我国经济不断向高质量发展的题中之义。本着"发现问题→分析问题→解决问题"的研究思路，本书就贸易伙伴 TPU 与高技术产业出口技术复杂度之间的关系进行了深入而系统的分析。接下来就本书的主要研究结论进行梳理，并依据相关结论提出相应的对策建议，并对本书的研究进行进一步研究展望。

第一节　研究结论

本书在已有研究的基础上，基于国际贸易学、产业经济学、计量经济学、区域经济学等相关经济理论，首先借鉴梅利茨（2003）、汉德利和利茂（2013）以及比斯托（2011）等的研究成果首次构建了一个能容纳主要事实和重要因素的分析框架，并通过严格而细致的数理模型推导出了贸易伙伴TPU冲击对一国高技术产业出口技术复杂度的影响机制。接着，本书依据我国统计局发布的《中国高技术产业统计年鉴2019》中的分类，并使用联合国统计署的商品贸易数据库（SITC Rev. 3）发布的高技术产品出口数据，测度了全球96个经济体1995~2020年的高技术产业以及五个高技术细分行业的出口技术复杂度；本书还使用世界银行的WITS数据库以及世界贸易组织NTMS数据库计算出了各经济体贸易伙伴的TPU。在翔实的数据基础上，本书进一步运用统计、计量及面板数据处理方法，对两者之间的关系进行了实证检验。最后，本书提出了应对贸易伙伴TPU冲击深化我国高技术产业技术出口复杂度的政策建议。基于对贸易伙伴TPU对高技术产业出口技术复杂度的影响分析，本书主要形成以下几点结论。

（1）随着全球经济的发展，各经济体出口的高技术产品的技术含量和劳动生产率都有所提高，全球高技术产业出口技术复杂度呈现曲折上升的态势。其中，曲折表现在1998年、2008年、2010年、2015年各经济体高技术产业出口技术复杂度均有不同程度的下降，这说明金融危机、欧债危机、美国总统大选等"黑天鹅"事件对世界主要经济体的高技术产业出口技术复杂度都产生了一定的影响。经过25年的发展，我国高技术产业出口技术复杂度整体排名提升了22个顺位，排在第9位，并且在我国2001年12月31日加入WTO后上升明显。这说明对外开放对我国高技术产业整体出口技术复杂度有极大的促进作用，持之以恒地对外开放使我国享受到了贸易带来的先进经验与先进技术等技术溢出，使我国高技术产业出口技术复杂度获得了与世界高技术产业出口技术复杂度同步提升的"水平效应"。样本期间我国五大细分高技术产业对外开放度最小的是医药制造业，其出口技术复杂度也最低，这反向验证了"行业越开放越高越有利于其出口技术复杂度的提高"的结论。

此外，我国高技术产业整体和个别细分行业也获得了超越性的"增长效应"，这种"超越性的'增长效应'"与我国日渐提升的创新能力密不可分，也预示着目前我国高技术产业正从"引进—消化—吸收"的传统低端模式向"引进—消化—吸收—再创新"的高端新模式转变（李洲和马野青，2020）。然而全球出口技术相对优势最低的计算机及办公设备制造业却是我国出口技术相对优势最高的行业，该行业不仅是我国五大细分行业中上升顺位最大的产业，也是 2020 年排名最靠前的行业。这表明"规模发展"仍然是我国高技术产业发展的主要支撑力，抵御外部冲击以及贸易伙伴技术上的"卡脖子"行为的能力依然有限，提质升级任务依然紧迫。尤其在当前全球 TPU 不断上升、贸易摩擦凸显以及各国贸易增速都在下降的背景下，高技术产业出口产品的技术"质量"成为各国面对外部冲击和考验的关键。

（2）贸易伙伴 TPU 的下降会促进一国高技术产业出口技术复杂度的深化，贸易伙伴 TPU 的上升会抑制一国高技术产业出口技术复杂度的深化。在考虑内生性问题、替换 TPU 和将贸易伙伴 TPU 随机分配给各经济体进行安慰剂检验之后该结论依然稳健。第五章实证分析还表明贸易伙伴 TPU 对不同经济体的影响存在异质性：经济越发达的经济体其高技术产业出口技术复杂度受到贸易伙伴 TPU 的冲击越小。这说明面对当前无法避免的 TPU 冲击，新兴市场经济体要想实现高技术产业出口技术复杂度的持续深化将面临更大的挑战。第五章实证部分还分析了贸易伙伴基于关税的 TPU 与基于非关税的 TPU 对一国高技术产业技术复杂度的影响，发现后者的负向影响更大。这说明贸易伙伴"发起的"技术性贸易壁垒带来的 TPU 对一国高技术产业出口技术复杂度的负向影响更大，可能的原因是技术性贸易措施涉及的多是产品标准和产品以外的东西，这些纷繁复杂的措施不断改变，让人防不胜防。结合我国的具体情况也可以发现，近年来西方国家对我国"发起的"技术性贸易壁垒带来的 TPU 的确给我国出口企业带来了潜在且持续的负面影响。

（3）随着贸易伙伴 TPU 的下降，关税上升为关税上限的可能性下降，企业进入门限值降低，达到进入生产率门限的企业数量增加，企业出口进入增加；与此同时，对应的升级生产率门限也下降，企业技术升级门限值降低，达到升级生产率门限的企业数量增加，进行技术升级的企业增加。可以说，贸易伙伴 TPU 的下降既会吸引新企业进入产生新的出口，也会激励现有出口企业进行技术升级增加出口，这两种途径（出口二元边际）是一国深化产业出口技术复杂度的重要渠道。在这一过程中，企业出口在 TPU 与产业出口技术复杂度之间起着重要的中介作用，实证部分通过建立中介效应模型对这一结论进行了检验。实证结果表明一国高技术产业出口在 TPU 和高技术产业出口技术复杂度之间的确扮演者重要的中介作用，高技术产业出口的增加可以缓解贸易伙伴 TPU 上升带来的抑制效应，这也是各国在面临贸易伙伴 TPU 上升时争相增加高技术产业出口的原因之一。

（4）企业要想在受到贸易伙伴 TPU 冲击时形成稳定的出口预期，就要提高自身生产率，这样才能达到进入和升级的生产率门限（ψ_S^U 和 ψ_{SZ}^U），才能不断提升自身的出口技术复杂度。因此，不同生产率的企业在面对贸易伙伴 TPU 冲击时对"是否出口、出口多少以及是否进行技术升级"会有不同的选择，生产率会调节出口（二元边际）在 TPU 和产业出口技术复杂度之间的中介作用。第五章实证部分通过建立基于生产率调节的中介效应模型就"生产率对 TPU 和高技术产业出口技术复杂度之间关系的调节效应"进行了实证检验。检验结果表明：第一，一国高技术产业生产率的提高会削弱贸易伙伴 TPU 上升对其高技术产业出口技术复杂度提升的抑制作用，即高技术产业生产率负向调节 TPU 与高技术产业出口技术复杂度之间的关系，说明生产率在 TPU 对高技术产业出口技术复杂度影响的直接路径上起负向调节作用；第二，高技术产业生产率的提高会削弱 TPU 对高技术产业出口的抑制作用，即高技术产业生产率负向调节 TPU 与高技术产业出口之间的关系，说明生产率在中介过程的前半路径也起负向调节作用；第三，高技术产业生产率的提高会增强高技术产业出口对高技术产业出口技术复杂度的促进作用，即 TFP 正向调节出口和高技术产业出口技术复杂度之间的关系，说明生产率在后半路径起正向调节作用。

基于生产率调节的中介效应模型的回归结果不仅证明了理论假说 4，还强化了生产率在应对贸易伙伴 TPU 冲击深化高技术产业出口技术复杂度过程中的作用，即随着贸易伙伴 TPU 冲击的日益频繁及严重，生产率的高低是企业在出口市场存活的关键，更是一国维持产业出口技术复杂度深化的关键。为了弥补理论模型技术上的不足，第五章实证部分还以生产率为门限变量设立了面板门限回归模型，并对这一门限进行了识别和门限回归，得出了具体的生产率门限值。数据显示，在考察期内，较高生产率经济体出现 346 次，仅占总样本比重的 15.21%。这就意味着在考察期内，84.79% 的经济体在受到贸易伙伴 TPU 冲击时无法跨越技术升级的生产率门限值。可见，在面临贸易伙伴 TPU 冲击时，仅有少数经济体可以进行技术升级以深化其高技术产业出口技术复杂度。面板门限回归结果为本书进一步总结高生产率企业应对贸易伙伴 TPU 冲击深化高技术产业出口技术复杂度方面的经验提供了证据。

（5）高技术企业进行技术升级提高生产率是其应对贸易伙伴 TPU 冲击深化出口技术复杂度的重要措施，而增加技术升级资本和提高人力资本结构高级化水平则是决定企业技术升级成功的关键因素。具体而言，企业技术升级成功的第一步是获得巨额而持续的技术升级资本，理论部分证明了高生产率企业通过自身贸易利得积累（收入效应）、政府补助以及社会融资（信号效应）等多元化融资渠道获得巨额而持续的技术升级资本的可能性；在获得大量技术升级资本以后能否依据自身的要素禀赋情况将部分技术升级资本转化为高级人力资本成功完成"惊险的跳跃"则是企业实现技术升级成功的第二步。通过对高生产率企业利用技术升级资本的"黑匣子"进行理论分析，肯定了"技术升级资本"和"人力资本结构高级化"这两个深化动力对各经济体高技术产业出口技术复杂度的影响，并得出人力资本结构高级化更有利于高生产率企业实现技术升级、提高生产率以及深化高技术产业出口技术复杂度。

为了验证上述理论，第六章实证部分检验了这两个深化动力对各经济体高技术产业出口技术复杂度的影响。按照第五章识别出的企业生产门限值，将经济体划分为较低生产率经济体、中等生产率经济体以及较高生产率经济体三大类，并构建基本模型对整体样本、较低生产率经济体本以及较高生产率经济体进行回归。回归结果显示技术升级资本投入的回归系数在三个样本中均为正，这说明技术升级资本投入对所有经济体的高技术产业出口技术复杂度均有促进效应。对比回归结果发现技术升级资本投入的回归系数在低生产率经济体中最高，进一步结合高生产率经济体技术升级资本投入远远大于较低生产率经济体的现实，可以认为高生产率经济体或许已经处于 R&D 投入边际效率递减阶段，盲目增加 R&D 投入的意义不大，应避免盲目增加 R&D 投入陷入"R&D 崇拜"陷阱（史丹和李晓斌，2004；韩慧霞和李静，2020）。这也启示各经济体在进行技术升级投入时要注重提升 R&D 效率。回归结果还显示人力资本结构高级化指数在三个样本经济体中都为正，这说明人力资本结构高级化对所有经济体的高技术产业出口技术复杂度的提升都具有促进效应。可能的原因是较高生产率经济体处在高技术产业链和价值链高端，主要投入技术、知识和资本等高级要素并从事高技术产品的研发、设计及高集成度的零部件生产，更高级的人力资本结构能够发挥其效用，更好地促进高技术产业出口技术复杂度的深化。

本书第六章实证部分还集中探讨了技术升级资本与人力资本结构高级化水平在提高一国高技术产业生产率以及应对贸易伙伴 TPU 冲击深化高技术产业出口技术复杂度的过程中的重要作用。回归结果进一步强调了 TPU 冲击下人力资本结构高级化对高技术产业出口技术复杂度深化的重要性，各经济体在获得大量技术升级资本以后应依据自身的要素禀赋合理利用技术升级资本，只有实现人力资本结构高级化才是应对贸易伙伴 TPU 冲击深化高技术产业出口技术复杂度的长期对策。

（6）虽然技术升级资本、人力资本结构高级化以及经济发展水平、外商直接投资、基础设施建设以及金融发展水平等因素均能促进一国高技术产业出口技术复杂度深化，但这并不代表它们能较好地解释不同经济体高技术产业出口技术复杂度的差距。为了客观揭示不同经济体高技术产业出口技术复杂度差距的主要成因，第六章使用加权变异系数对上述指标的差异程度进行衡量并建立实证模型，得出人力资本结构高级化差异能够更好地解释经济体高技术产业出口技术复杂度之间的差距。在此基础上本书进一步研究了各经济体调控人力资本结构应对贸易伙伴 TPU 冲击缩小高技术产业出口技术复杂度差距的重点，得出增加第三层次（中学教育）和第四层次（高等教育）人力资本的比重是各经济体提升人力资本结构高级化和深化高技术产业出口技术复杂度的调控重点。

第二节　政策建议

根据上述结论，本书认为为了应对贸易伙伴 TPU 的冲击，一国高技术产业出口技术复杂度提升政策的推出和实施可以突出下列精髓与导向。

（1）营造稳定有序的外部经济环境、消除贸易政策的不确定性，弱化 TPU 对高技术产业出口技术复杂度深化的不利影响。本书第一章理论和第四、第五、第六章实证分析均表明贸易伙伴 TPU 上升会抑制一国高技术产业出口技术复杂度深化，因此，各国政府要依托 WTO 等国际组织加强全球磋商，秉承共商、共建、共享的原则，联合营造稳定有序的外部贸易环境以消除全球贸易政策的不确定性，促进所有国家高技术产业的发展。具体而言，比较有效地降低 TPU 的方式有主动参与双边或多边国际贸易对话、签订贸易协定、保护国家信誉、稳定征税体制等（余淼杰和祝辉煌，2019）。

对我国政府而言，在遵循上述原则的基础上，也要考虑我国高技术产业发展的现状。由于我国高技术产业出口技术复杂度的提升离不开持之以恒地对外开放，因此，无论如何，我国对外开放的基本国策不能变。当他国的贸易政策既存在不确定性又不可控时，我国政府只能从自身出发制定策略，动态处理贸易伙伴 TPU 与我国高技术产业出口技术复杂度的关系，制定短期和长期应对措施，备足应对 TPU 冲击的长短期政策工具箱。具体而言，首先，主动管理贸易伙伴，重塑贸易伙伴格局，提升整体外贸环境的稳定性，在巩固和深耕原有贸易伙伴的同时，开拓新的政策稳定的贸易伙伴。如以"一带一路"为纽带实现高技术产品出口市场多元化，通过宏观贸易伙伴管理降低本土企业对国际市场 TPU 波动的风险敏感度。其次，建立长效贸易政策预警机制，有效评估贸易伙伴 TPU 带来的不利影响，及时发布预警信息提示风险，协助企业及时了解国际市场环境的变化，充分发挥政策信息在创新中的重要作用。

（2）多方发力，备足应对外部技术性贸易壁垒冲击的政策工具箱，助力"破壁"之路。第五章实证结果显示与基于关税的 TPU 相比，使用贸易伙伴"发起的"技术性贸易壁垒衡量的基于非关税的 TPU 对一国高技术产业出口技术复杂度的负向影响更大，这启示我们要更加警惕贸易伙伴发起的技术性贸易壁垒。中共中央和国务院在《关于开展质量提升行动的指导意见》文件中指出，要通过加强对国外重大技术性贸易措施的跟踪、研判、预警、评估和应对，妥善化解贸易摩擦。可见，加强对国外技术性贸易措施的应对已经上升到政府层面，"破壁"对我国高技术企业来说势在必行。对我国政府而言，既要想法"破除"贸易伙伴"发起的"技术性贸易壁垒，也要学会化危为机，推动高技术产业技术升级。具体可从以下三个方面努力。

首先，政府部门应高度关注可能对我国高技术产业出口造成影响的国外技术性贸易措施，持续为高技术企业提供破除贸易伙伴技术性贸易措施的信息支持，完善信息渠道。例如可选取重点行业建成技术性贸易措施研究评议基地，将国外最新的技术法规、标准加以收集，向企业提供及时、全面、动态的技术性贸易壁垒政策的信息咨询服务，助力高技术企业加快转型升级，提高高技术企业应对外部技术性贸易措施的水平。其次，应加快对国际标准化、国际贸易等相关专业人才的培养，依托高素质的贸易人才建立起完善的国内高技术产品行业标准和技术法规，建立更为有效的国内技术性贸易措施体系，以增强高技术企业对技术性贸易措施的重视，督促其提高自身的技术水平以适应国际标准与质量认证。在依托专业人才的基础上，政府还应积极参与并主导技术性贸易措施相关国际规则和标准的制定，在最大限度便利国际贸易开展的基础上寻求最佳平衡点，为我国高技术产业发展提供适当保护。最后，政府应引导受影响的高技术出口企业化压力为动力，继续加大自主研发力度，加快自主创新步伐，增加出口产品的技术含量以及附加值，实现我国高技术产业持续高质量发展。

（3）营造良好的投融资环境，加大有针对性的研发资助和税收减免，鼓励和扶持高技术企业加快技术创新步伐和加大自主研发力度，提高高技术产业生产率。本书第三章理论和第五章实证分析均表明随着贸易伙伴 TPU 冲击的日益频繁及严重，高技术企业生产率的高低是其在出口市场存活的关键，更是维持一国高技术产业出口技术复杂度深化的关键。按照第五章识别出的企业技术升级门限值，将满足 $\psi^{*} \in (4.236, \psi^{max})$ 的经济体称为较高生产率经济体，本书发现，在 1995~2020 年的考察期内我国直到 2010 年才进入高生产率经济体梯队，说明我国高技术产业生产率还有很大的提升空间。为了有效提高我国高技术产业生产率，我国政府、企业需要协同一致从下面三个方面发力。

首先，政府部门应营造良好的投融资环境，完善高技术产业发展的市场环境，缓解外部融资对高技术企业创新的抑制效应，提高高技术产业的研发投入。一方面，应规范和促进风险投资产业健康安全发展，引导风险投资主体支持高技术企业技术创新；另一方面，应发展和完善金融市场，鼓励银行为高技术企业技术升级提供信贷支持，降低高技术企业融资成本，拓宽高技术企业融资渠道，为高技术企业创新活动提供多元化的外源资金支持。其次，针对过去政府研发补贴仅提高了出口额却未实际提高企业市场竞争力的情况，国家需要调整补贴政策，加大有针对性的研发资助和税收减免，对进行高端技术和关键环节研发的高技术企业提高研发投入税前抵扣比例和财税优惠力度，并引导其将资金投入到技术研发创新项目中，防止企业获得补贴而未实际提高生产率和创新能力的"搭便车"行为发生。最后，政府应该尊重市场规律的主导作用。在整体上保证国家创新战略的前提下，也要放手让市场对高技术出口企业进行优胜劣汰的选择。贸易伙伴 TPU 的冲击必然导致一部分高技术出口企业退出出口市场，一些无法达到出口门限值的高技术企业也会退出出口市场，市场洗牌的结果是外贸商品结构和贸易方式更加优化，部分高生产率企业留在出口市场。因此，政府应尊重市场规律的主导作用，让市场规律"倒逼"企业创新，尽量避免对缺乏竞争力的高技术企业施以不必要的援手。

（4）增加第三层次以及第四层次人力资本的比重，制定更大力度地推动人力资本形成的政策，制定合理有效的薪酬激励机制以及用多种方法提高人力资本的工资水平，全方位多角度地提高人力资本结构高级化水平。本书第三章理论和第五、第六章实证分析均得出人力资本结构高级化对一国高技术产业出口技术复杂度的提升具有显著的促进作用，第六章还得出人力资本结构高级化差异能够更好地解释经济体高技术产业出口技术复杂度之间的差距。因此，立足于中国尚处于国际高技术产业链和价值链低端的现状，具体可从以下两个方面努力提升人力资本结构高级化水平。

首先，鉴于更高层级人力资本的构建有赖于更强劲政策的驱动，各级政府应持续深入学习并贯彻党的二十大精神，将立德树人根本任务落到实处，致力于提升人才培养的品质，筑牢现代化人才的支撑体系，并在推进人才培养战略时，确保其既能契合当下需求，做到短期适应性与长期战略性的有机结合。同时，各级政府应加强一系列"引智"措施和计划的落地实施，提升社会中高层次人力资本比重，强化人力资本结构高级化对技术创新的推动作用及其与高技术产业出口技术复杂度深化的动态匹配。此外，各级政府要简化对研发成果和专利的审核流程，让创新人才有更多精力用于技术创新，要加强知识产权保护力度，保护创新成果，激发人力资本整体创新的积极性。其次，高技术企业应进一步完善研发投入机制，有效进行研发投入的配置与使用，合理增加技术升级资本"间接参与生产"的比例，加强各类劳动力在职培训、教育和健康投资、经验积累以及"干中学"的常态化，实现人力资本积累以及人力资本结构高级化。高技术企业要为研发人员制定合理有效的薪酬激励机制，用多种方法提高研发人力资本的工资水平，打通从资本到人力资本的"资本深化"通道，使人力资本投资获得与其产出相应的报酬收入，增强各类技能型教育的收益预期，激励社会和家庭加大教育投资力度，促进非熟练劳动力转化为人力资本，加快人力资本结构向高级化演进。

第三节　研究展望

本书在已有研究的基础上，基于国际贸易学、产业经济学、计量经济学、区域经济学等相关经济理论，借鉴梅利茨（2003）、汉德利和利茂（2013）以及比斯托（2011）等的研究成果首次构建了一个能容纳主要事实和重要因素的理论分析框架，通过严格而细致的数理模型推导出了贸易伙伴 TPU 对一国高技术产业出口技术复杂度的影响机制，并进一步运用统计、计量及面板数据处理方法，对两者之间的关系进行了实证检验，得到了一些具有启发意义的结论。本书的研究一定程度上有助于该领域后续研究的展开，但本书的机理与实证研究仍属于尝试性研究。随着理论与实证研究方法的改进和相关数据资料的完善，后续的研究中还存在一定的改进空间。

第一，理论模型方面。本书关于 TPU 对产业出口技术复杂度影响理论模型具有较强的拓展性。国际贸易理论作为微观经济学在国际领域的延伸，其发展大多通过修改传统贸易理论中脱离经验现实的假定来进行的，通过这样的方法建立起来的现代贸易理论 虽然没有否定但却偏离了传统贸易理论。可以说，现代贸易理论所据以建立的很多假定都与中国的现实有一定的距离。例如本书中模型的前提假设是"异质性企业"，而我国的大量中小微企业很难成为模型中所描绘的那种"异质性企业"，因而其对中国贸易问题的解释能力存在着一些出入，需要建立更符合中国自身经验的模型。

第二，指标测度方面。当今国际贸易环境日益复杂，贸易摩擦频繁发生，如何将惩罚性关税等贸易保护政策融入关税测量法来计算 TPU，将成为未来需要攻克的难点。此外，国际经济波动和政治冲击的影响也越来越广泛，新冠疫情和政治选举对 TPU 的影响也越来越大。如何系统地衡量国际经济波动和国际政治冲击对 TPU 的影响，也将成为学术界的重点议题。

第三，研究内容方面。本书研究了贸易伙伴 TPU 对一国高技术产业出口技术复杂度的影响，那么一国高技术产业出口技术复杂度深化是否会引起贸易伙伴的警惕而造成 TPU 上升呢，这种影响的比例有多大，如何避免？这些都是重要而有意义的选题，值得进一步关注和探讨。此外，未来还可以进一步强化对 TPU 产生原因（内生性）的研究。现有研究都将 TPU 视为前提条件，然后研究其对其他经济变量的影响。但是，TPU 到底是如何产生的？有哪些影响因素？一国外部和内部的经济、政治、社会等因素是如何影响的？这些均属于 TPU 的内生性问题，尚缺乏专门而系统的研究。虽然本书从大国博弈的视角以及全球"黑天鹅"事件的冲击对 TPU 产生的现实背景进行了分析，但限于研究主题及篇幅的限制未能系统展开，这方面还需要学者们的继续关注及研究。

参考文献

[1] 蔡洁, 黄曦, 白江涛. 贸易政策不确定性与出口: 基于中国——东盟自贸区的微观数据分析 [J]. 全球化, 2017 (1): 88 - 103 + 135.

[2] 蔡跃洲, 韦结余, 钟洲. 全球集成电路产业链: 分布、技术经济特征及挑战 [J]. 国际经济评论, 2024 (3): 89 - 107.

[3] 曹虹剑, 李虹辰, 张慧. 经济管理、经济治理能力、出口贸易与中国高新技术产业自主创新 [J]. 财经理论与实践, 2020, 41 (6): 111 - 117.

[4] 陈浩. 人力资本对经济增长影响的结构分析 [J]. 数量经济技术经济研究, 2007 (8): 59 - 68.

[5] 陈俊聪. 对外直接投资对服务出口技术复杂度的影响——基于跨国动态面板数据模型的实证研究 [J]. 国际贸易问题, 2015 (12): 64 - 73.

[6] 陈晓光. 跨国收入水平差异研究综述 [J]. 经济学动态, 2005 (5): 95 - 98.

[7] 陈晓华. 产业出口复杂度演进的动因与效应研究 [D]. 杭州: 浙江大学, 2012.

[8] 陈晓华, 黄先海. 中国出口产品技术含量变迁的动态研究——来自50 国金属制品1993 ~ 2006 年的出口数据 [J]. 国际贸易问题, 2010 (4): 2 - 12.

[9] 程磊. 新中国70 年科技创新发展: 从技术模仿到自主创新 [J].

宏观质量研究，2019，7（3）：17 – 37.

［10］戴魁早.技术市场发展对出口技术复杂度的影响及其作用机制［J］.中国工业经济，2018（7）：117 – 135.

［11］戴魁早，方杰炜.贸易壁垒对出口技术复杂度的影响——机制与中国制造业的证据［J］.国际贸易问题，2019（12）：136 – 154.

［12］戴翔.服务贸易自由化是否影响中国制成品出口复杂度［J］.财贸研究，2016，27（3）：1 – 9.

［13］邓雪琴.技术性贸易措施的经济和贸易效应［D］.广州：暨南大学，2014.

［14］丁小义，胡双丹.基于国内增值的中国出口复杂度测度分析——兼论"Rodick"悖论［J］.国际贸易问题，2013（4）：40 – 51.

［15］杜立民.我国二氧化碳排放的影响因素：基于省级面板数据的研究［J］.南方经济，2010（11）：20 – 33.

［16］杜修立，王维国.中国出口贸易的技术结构及其变迁：1980 ~ 2003［J］.经济研究，2007（7）：137 – 151.

［17］杜赟，方大春.高新技术产业发展的多元驱动路径研究——基于fsQCA方法的组态分析［J］.安徽工业大学学报（社会科学版），2024，41（2）：7 – 11 + 20.

［18］段德忠.全球重大疫情下的科研合作格局及其演化——以SARS、H1N1、西非Ebola和COVID – 19研究为例［J］.地理研究，2021，40（1）：93 – 108.

［19］樊纲，关志雄，姚枝仲.国际贸易结构分析：贸易品的技术分布［J］.经济研究，2006（8）：70 – 80.

［20］龚联梅，钱学锋.贸易政策不确定性理论与经验研究进展［J］.经济学动态，2018（6）：106 – 116.

［21］郭洁.数字经济对中国制造业出口竞争力的影响研究［D］.兰州：兰州财经大学，2024.

［22］郭玥.政府创新补助的信号传递机制与企业创新［J］.中国工业

经济，2018（9）：98 – 116.

[23] 海闻. 国际贸易理论的新发展 [J]. 经济研究，1995（7）：67 – 73.

[24] 韩慧霞，金泽虎. 贸易政策不确定性对中国外贸产业升级影响作用机制分析——基于中美贸易政策博弈的检验 [J]. 商业研究，2019（10）：69 – 77.

[25] 韩慧霞，金泽虎，李静. 贸易政策不确定性与高技术产业出口技术复杂度：理论机制与经验验证 [J]. 经济问题探索，2022（5）：169 – 190.

[26] 韩慧霞，李静. 经济政策不确定性影响研发效率的机制及检验——基于高技术产业跨国数据的实证研究 [J]. 国际商务，2020（6）：137 – 152.

[27] 胡永远，刘智勇. 不同类型人力资本对经济增长的影响分析 [J]. 人口与经济，2004（2）：55 – 58.

[28] 黄群慧，霍景东. 产业融合与制造业服务化：基于一体化解决方案的多案例研究 [J]. 财贸经济，2015（2）：136 – 147.

[29] 黄先海，杨高举. 中国高技术产业的国际分工地位研究：基于非竞争型投入占用产出模型的跨国分析 [J]. 世界经济，2010（5）：82 – 100.

[30] 黄燕萍，刘榆，吴一群，等. 中国地区经济增长差异：基于分级教育的效应 [J]. 经济研究，2013，48（4）：94 – 105.

[31] 黄永明，张文洁. 出口复杂度的国外研究进展 [J]. 国际贸易问题，2012（30）：167 – 176.

[32] 吉生保，林雄立，崔新健. 外资研发嵌入与人力资本形成——人口迁移的作用 [J]. 中央财经大学学报，2020（2）：79 – 95.

[33] 靖学青. 产业结构高级化与经济增长——对长三角地区的实证分析 [J]. 南通大学学报（社会科学版），2005（3）：51 – 55.

[34] 孔哲礼，谢众民，李兴中. 关税变动对技术性贸易措施实施的影响——基于商品层面的微观数据分析 [J]. 软科学，2020，34（1）：76 – 82.

[35] 李成友，孙涛，焦勇. 要素禀赋、工资差距与人力资本形成 [J].
经济研究，2018，53（10）：113 - 126.

[36] 李静，刘霞辉，楠玉. 提高企业技术应用效率，加强人力资本建
设 [J]. 中国社会科学，2019（6）：63 - 84 + 205.

[37] 李敬子，刘月. 贸易政策不确定性与研发投资：来自中国企业的
经验证据 [J]. 产业经济研究，2019（6）：1 - 13.

[38] 李俊青，苗二森. 不完全契约条件下的知识产权保护与企业出口
技术复杂度 [J]. 中国工业经济，2018（12）：115 - 133.

[39] 李群峰. 动态面板数据模型的 GMM 估计及其应用 [J]. 统计与
决策，2010（16）：161 - 163.

[40] 李文锋. 贸易政策形成研究 [D]. 北京：中国社会科学院研究生
院，2001.

[41] 李亚杰. 研发投资、技术并购与企业持续竞争力的实证研究
[D]. 辽宁：辽宁大学，2019.

[42] 李玉山，陆远权，王拓. 金融支持与技术创新如何影响出口复杂
度？——基于中国高技术产业的经验研究 [J]. 外国经济与管理，2019
（8）：43 - 57.

[43] 李洲，马野青. 三次产业增加值分解视角下的中国出口技术复杂
度——兼评经济开放对产业技术升级的重要性 [J]. 国际贸易问题，2020
（1）：1 - 16.

[44] 林青宁，毛世平. 兼并重组对国有企业研发效率的影响 [J]. 技
术经济与管理研究，2017（7）：44 - 48.

[45] 刘斌，王乃嘉. 制造业投入服务化与企业出口的二元边际——基
于中国微观企业数据的经验研究 [J]. 中国工业经济，2016（9）：59 - 74.

[46] 刘德学，喻叶. 要素禀赋与出口技术复杂度——基于制度的门槛
回归分析 [J]. 商业研究，2019（4）：81 - 89.

[47] 刘洪铎. 全球供应链分工地位如何影响一国服务贸易部门的出口
技术复杂度 [J]. 国际贸易问题，2016（9）：27 - 37.

［48］刘琳. 全球价值链、制度质量与出口品技术含量——基于跨国层面的实证分析［J］. 国际贸易问题，2015（10）：37－47.

［49］刘琳，盛斌. 全球价值链和出口的国内技术复杂度——基于中国制造业行业数据的实证检验［J］. 国际贸易问题，2017（3）：3－13.

［50］刘智勇，李海峥，胡永远，等. 人力资本结构高级化与经济增长——兼论东中西部地区差距的形成和缩小［J］. 经济研究，2018，53（3）：50－63.

［51］陆菁，陈飞. 金融创新对我国高技术产业出口复杂度的影响分析［J］. 国际经贸探索，2015，31（5）：47－61.

［52］鲁晓东. 技术升级与中国出口竞争力变迁：从微观向宏观的弥合［J］. 世界经济，2014，37（8）：70－97.

［53］马亚雪，巴志超，曹祯庭，等. 科学—技术关联对高技术产业创新绩效的影响研究——对外技术依存度的调节作用［J］. 情报学报，2024，43（7）：839－849.

［54］毛其淋. 贸易政策不确定性是否影响了中国企业进口？［J］. 经济研究，2020（2）：148－164.

［55］毛其淋，许家云. 贸易政策不确定性与企业储蓄行为——基于中国加入 WTO 的准自然实验［J］. 管理世界，2018，34（5）：10－27＋62＋179.

［56］倪峰，傅梦孜，唐永胜，等. 拜登时期中美关系前瞻［J/OL］. 国际经济评，2021（S1）：102－115＋7.

［57］裴长洪，刘洪愧. 中国怎样迈向贸易强国：一个新的分析思路［J］. 经济研究，2017（5）：26－43.

［58］齐俊妍，王岚. 贸易转型、技术升级和中国出口品国内完全技术含量演进［J］. 世界经济，2015（3）：29－56.

［59］齐俊妍，王永进，施炳展，等. 金融发展与出口技术复杂度［J］. 世界经济，2011（7）：91－118.

［60］钱学锋，龚联梅. 贸易政策不确定性、区域贸易协定与中国制造

业出口［J］. 中国工业经济，2017（10）：81 - 98.

［61］邵帅，辛晴. 出口对我国企业融资约束影响的异质性分析［J］. 南方经济，2015（12）：10 - 25.

［62］邵宜航，徐菁. 高等教育扩张的增长效应：人力资本提升还是信号干扰［J］. 财贸经济，2017，38（11）：5 - 22.

［63］盛斌. 中国对外贸易政策的政治经济分析［M］. 上海：上海人民出版社：2002.

［64］盛斌，吕越. 对中国出口二元边际的再测算：基于2001～2010年中国微观贸易数据［J］. 国际贸易问题，2014（11）：25 - 36.

［65］盛斌，毛其淋. 进口贸易自由化是否影响了中国制造业出口技术复杂度［J］. 世界经济，2017（12）：52 - 75.

［66］史丹，李晓斌. 高技术产业发展的影响因素及其数据检验［J］. 中国工业经济，2004（12）：32 - 39.

［67］施用海，邵宏华. 认识新贸易壁垒［J］. 宏观经济研究，2002（11）：28 - 32.

［68］宋静，司乐如. 美国智库因素影响下的拜登政府对华政策走向［J］. 世界经济与政治论坛，2021（1）：56 - 79.

［69］苏理梅，彭冬冬，兰宜生. 贸易自由化是如何影响我国出口产品质量的？——基于贸易政策不确定性下降的视角［J］. 财经研究，2016，42（4）：61 - 70.

［70］孙林，周科选. 区域贸易政策不确定性与出口企业对外直接投资的行为选择——以中国—东盟自由贸易区为例［J］. 国际经贸探索，2020（8）：97 - 112.

［71］孙湘湘，周小亮. 服务业开放对制造业价值链攀升效率的影响研究——基于门槛回归的实证分析［J］. 国际贸易问题，2018（8）：94 - 107.

［72］汤碧. 中国高技术产业价值链地位的测度和影响因素分析［J］. 经济学动态，2012（10）：65 - 70.

［73］唐宜红，王明荣. FDI、出口相似度与我国出口商品结构优化

[J]. 国际经贸探索, 2010 (4): 34 - 41.

[74] 陶旺生. 内生技术进步与贸易条件变化 [J]. 工业技术经济, 2008 (11): 120 - 122.

[75] 佟家栋. 国际贸易理论的发展及其阶段划分 [J]. 世界经济文汇, 2000 (6): 39 - 44.

[76] 佟家栋, 李胜旗. 贸易政策不确定性对出口企业产品创新的影响研究 [J]. 国际贸易问题, 2015 (6): 25 - 32.

[77] 王弟海, 崔小勇, 龚六堂. 健康在经济增长和经济发展中的作用——基于文献研究的视角 [J]. 经济学动态, 2015 (8): 107 - 127.

[78] 王佳, 刘美玲. OFDI 对母国高技术产业出口技术复杂度影响研究 [J]. 科技管理研究, 2019, 39 (2): 241 - 247.

[79] 王菁. 生产者服务与制造业出口技术复杂度提升研究 [D]. 天津: 天津财经大学, 2016.

[80] 王孝松, 施炳展, 谢申祥, 等. 贸易壁垒如何影响了中国的出口边际?——以反倾销为例的经验研究 [J]. 经济研究, 2014, 49 (11): 58 - 71.

[81] 王艺明, 刘一鸣. 马克思主义两大部类经济增长模型的理论与实证研究 [J]. 经济研究, 2018 (9): 37 - 51.

[82] 王永进, 盛丹, 施炳展, 等. 基础设施如何提升了出口技术复杂度? [J]. 经济研究, 2010 (7): 103 - 115.

[83] 汪凌志, 刘清. 中国高技术产品出口技术复杂度及其影响因素分析 [J]. 湖北理工学院学报, 2017 (2): 35 - 40, 44.

[84] 问泽霞, 张晓辛. 我国高技术产品出口复杂度的测度与实证检验 [J]. 统计与决策, 2016 (19): 119 - 121.

[85] 席艳乐, 汤恒运, 魏夏蕾. 经济政策不确定性波动对中国出口技术复杂度的影响——基于 CEPII-BACI 数据库的实证研究 [J]. 宏观经济研究, 2019 (5): 20 - 32.

[86] 谢众民, 林春贵. 国外技术性贸易措施对我国出口企业技术创新

的影响研究 [J]. 中国物价, 2019 (3): 85 - 87.

[87] 徐卫章, 李胜旗. 贸易政策不确定性与中国出口企业加成率——基于企业异质性视角的分析 [J]. 商业研究, 2016 (12): 150 - 160.

[88] 杨鲁慧. 百年变局下的国际格局调整与中国引领新型周边关系 [J]. 理论探讨, 2021 (1): 38 - 45.

[89] 杨连星, 张秀敏, 王孝松. 反倾销如何影响了出口技术复杂度? [J]. 中国经济问题, 2017 (3): 64 - 75.

[90] 杨正林, 方齐云. 能源生产率差异与收敛: 基于省际面板数据的实证分析 [J]. 数量经济技术经济研究, 2008 (9): 17 - 30.

[91] 姚先国, 张海峰. 教育、人力资本与地区经济差异 [J]. 经济研究, 2008 (5): 47 - 57.

[92] 姚洋, 张晔. 中国出口品国内技术含量升级的动态研究——来自全国及江苏省、广东省的证据 [J]. 中国社会科学, 2008 (2): 67 - 82, 205 - 206.

[93] 姚战琪. 人力资本、协同集聚对出口技术复杂度的影响: 基于有调节的中介效应视角 [J]. 西安交通大学学报 (社会科学版), 2020, 40 (4): 80 - 90.

[94] 余长林. 知识产权保护与国际 R&D 溢出 [J]. 世界经济研究, 2011 (8): 70 - 76.

[95] 余淼杰. 中国的贸易自由化与制造业企业生产率 [J]. 经济研究, 2010, 45 (12): 97 - 110.

[96] 余淼杰, 祝辉煌. 贸易政策不确定性的度量、影响及其政策意义 [J]. 长安大学学报 (社会科学版), 2019, 21 (1): 1 - 8.

[97] 余泳泽, 张先轸. 要素禀赋, 适宜性创新模式选择与全要素生产率提升 [J]. 管理世界, 2015 (9): 13 - 31.

[98] 余智. 贸易政策不确定性研究动态综述 [J]. 国际贸易问题, 2019 (5): 162 - 174.

[99] 袁富华, 张平, 陆明涛. 长期经济增长过程中的人力资本结构——

兼论中国人力资本梯度升级问题 [J]. 经济学动态, 2015 (5): 11 - 21.

[100] 张凤, 季志鹏, 张倩慧. 出口持续期延长有利于出口国内技术复杂度提升吗——基于中国微观出口数据的验证 [J]. 国际贸易问题, 2018 (10): 58 - 71.

[101] 张海波, 李东. 中国制造业出口贸易品技术含量测度与影响因素研究 [J]. 国际经贸探索, 2015 (2): 43 - 51.

[102] 张宽, 黄凌云. 中国人力资本结构的时空演变特征研究 [J]. 数量经济技术经济研究, 2020, 37 (12): 66 - 88.

[103] 张平南, 徐阳, 徐小聪, 等. 贸易政策不确定性与企业出口国内附加值: 理论与中国经验 [J]. 宏观经济研究, 2018 (1): 57 - 68.

[104] 张瑛. 国际技术溢出对出口技术复杂度的影响研究 [D]. 西安: 西北大学, 2012.

[105] 张宗新, 姚佩怡. "天赋异禀"、"熟能生巧" 还是 "日久生情"——基于中国证券分析师预测能力的经验证据 [J]. 经济理论与经济管理, 2017 (7): 64 - 76.

[106] 赵玉林, 谷军健. 中美制造业发展质量的测度与比较研究 [J]. 数量经济技术经济研究, 2018, 35 (12): 116 - 133.

[107] 郑玉, 郑江淮. 贸易成本如何影响我国出口技术含量? [J]. 经济评论, 2020 (4): 96 - 113.

[108] 周定根, 杨晶晶, 赖明勇. 贸易政策不确定性、关税约束承诺与出口稳定性 [J]. 世界经济, 2019 (1): 51 - 75.

[109] 周丽. 贸易政策不确定性对出口企业绩效影响研究 [D]. 武汉: 中南财经政法大学, 2018.

[110] 周茂, 李雨浓, 姚星, 等. 人力资本扩张与中国城市制造业出口升级: 来自高校扩招的证据 [J]. 管理世界, 2019, 35 (5): 64 - 77 + 198 - 199.

[111] 周琪. 特朗普的 "政治遗产" 及拜登政府对华政策展望 [J]. 当代世界, 2021 (2): 4 - 11.

[112] 祝树金, 戢璇, 傅晓岚. 出口品技术水平的决定性因素: 来自跨国面板数据的证据 [J]. 世界经济, 2010 (4): 28 – 46.

[113] 祝树金, 申志轩, 段凡. 数字化转型能提升企业出口产品质量吗 [J]. 经济学动态, 2023 (11): 72 – 87.

[114] Acemoglu D., Zilibotti F. Productivity Differences [J]. Quarterly Journal of Economics, 2001, 116 (2): 563 – 606.

[115] Akcigit U., Ates S. T., Impullitti G. Innovation and Trade Policy in a Globalized World [J]. CEPR Discussion Papers, 2018 (4): 1 – 83.

[116] Amiti M., Freund C. An Anatomy of China's Export Growth [C]. World Bank Policy Research Working Paper, 2008.

[117] Amiti M., Konings J. Trade Liberalization, intermediate Inputs and Productivity: Evidence from Indonesia [J]. American Economic Review, 2007, 97 (5): 1611 – 1638.

[118] Arbatli E. C., Davis S. J., Ito A., et al. Policy Uncertainty in Japan [R]. National Bureau of Economic Research Working Paper, 2017.

[119] Atkinson A. B., Stiglitz J. E. A New View of Technological Change [J]. Economic Journal, 1969, 79 (315): 573 – 578.

[120] Autor D., Dorn D., Hanson G. The China Syndrome: Local Labor Effects of Import Competition in the United States [J]. American Economic Review, 2013 (103): 212 – 268.

[121] Baker S. R., Bloom N. Does Uncertainty Reduce Growth? Using Disasters as Natural Experiments [R]. Macroeconomic Challenges Facing Low-Income Countries, 2014.

[122] Baker S. R., Bloom N., Davis S. J. Measuring Economic Policy Uncertainty [J]. The Quarterly Journal of Economics, 2016 (131): 1593 – 1636.

[123] Basu S., Weil D. Appropriate Technology and Growth [J]. Quarterly Journal of Economics, 1998, 113 (4): 1025 – 1054.

[124] Bernanke B. S. Irreversibility, Uncertainty and Cyclical Investment

[J]. The Quarterly Journal of Economics, 1983 (98): 85 - 106.

[125] Bernard A., Redding S., Schott P. Multi-Product Firms and Trade Liberalization [J]. Working Papers, 2009, 126 (126): 1271 - 1318.

[126] Bloom N. Uncertainty and the Dynamics of R&D [J]. American Economic Review, 2007, 97 (2): 250 - 255.

[127] Bustos P. Trade Liberalization, Exports and Technology Upgrading: Evidence on the Impact of MERCOSUR on Argentinian Firms [J]. The American Economic Review, 2011, 101 (1): 304 - 340.

[128] Carballo J., Handley K., Limão N. Economic and Policy Uncertainty: Export Dynamics and the Value of Agreements [Z]. NBER Working Paper, 2018, No. 4368.

[129] Caselli F., Coleman J. Cross-Country Technology Diffusion: The Case of Computers [J]. American Economic Review, 2001 (91): 328 - 339.

[130] Davis D. R., Weinstein D. E., Shimpo B. K. Using International and Japanese Regional Data to Determine When the Factor Abundance Theory of Trade Works [J]. American Economic Review, 1997, 87 (3): 421 - 446.

[131] Davis S. J., Liu D., Sheng X S. Economic Policy Uncertainty in China Since 1946: The View from Mainland Newspapers [R]. IMF Working Paper, 2019.

[132] Debaere P., Mostashari S. Do Tariffs Matter for the Extensive Margin of International Trade? An Empirical Analysis [J]. Journal of International Economics, 2010, 81 (2): 163 - 169.

[133] Dixit A. Entry and exit decisions under uncertainty [J]. Journal of Political Economy, 1989, 97 (3): 620 - 638.

[134] Ermias W. Technology, Trade Costs and Export Sophistication [J]. World Economy, 2014, 37 (1): 14 - 41.

[135] Feng L., Li Z., Swenson D. Trade Policy Uncertainty and Exports: Evidence from China's WTO Accession [J]. Journal of International Economics,

2017 (108): 20 – 36.

[136] Ferrantino M. J. , Wang Z. Accounting for discrepancies in bilateral trade: The case of China, Hong Kong and the United States [J]. China Economic Review-Greenwich, 2008, 3 (19): 502 – 520.

[137] Greenland A. , Ion M. , Lopresti J. Policy Uncertainty and the Margin of Trade [Z]. Working Paper, 2014.

[138] Groppo V. , Piermartini R. Trade Policy Uncertainty and the WTO [R]. WTO Statff Working Paper, 2014.

[139] Grossman G. M. , Helpman E. Innovation and Growth in the Global Economy [M]. Cambridge, MA: MIT Press, 1991: 212 – 230.

[140] Gulen H. , Ion M. Policy Uncertainty and Corporate Investment [J]. Review of Financial Studies, 2016, 29 (3): 523 – 564.

[141] Handley K. Exporting under Trade Policy Uncertainty: Theory and Evidence [J]. Journal of International Economics, 2014, 94 (1): 50 – 66.

[142] Handley K. , Limão N. Policy Uncertainty, Trade and Welfare: Theory and Evidence for China and the U. S. [J]. Cepr Discussion Papers, 2013, 107 (9): 2731 – 2783.

[143] Handley K. , Limão N. Trade and investment under policy uncertainty: Theory and firm evidence [J]. American Economic Journal: Economic Policy, 2015, 7 (4): 189 – 222.

[144] Handley K. , Limão N. , Ludema R. , et al. Policy Credibility and Firm Productivity: Theory and Evidence from Chinese Trade Reforms [Z]. Working Paper, 2018b.

[145] Hausmann R, Hwang J, Rodrik D. What You Export Matters [J]. Journal of Economic Growth, 2007, 12 (1): 1 – 25.

[146] Hausmann R. , Pritchett L. , Rodrik D. Growth accelerations [J]. Journal of Economic Growt, 2005, 10 (4): 303 – 329.

[147] Hausmann R. , Rodrik D. Economic Development as Self-discovery

[J]. Journal of Development Economics, 2003, 72 (2): 603 –633.

[148] Helpman E. The Structure of Foreign Trade [J]. Journal of Economic Perspective, 1999, 13 (2): 121 –144.

[149] Huang Y. , Luk P. Measuring Economic Policy Uncertainty in China [R]. Hong Kong Baptist University working paper, 2018.

[150] Hummels D. , Klenow J K. The Variety and Quality of a Nation's Exports [J]. American Economic Review, 2005, 95 (3): 704 –723.

[151] Juan C. H. , Peter K. S. Estimating Cross-Country Differences in Product Quality [R]. NBER Working Paper, 2008.

[152] Jurado K. , Ludvigson S. C. , Ng S. Measuring uncertainty [J]. American Economic Review, 2015 (3): 117 –216.

[153] Katharina E. , Stephan H. Product Sophistication and Spillovers from Foreign Direct Investment [J]. Canadian Journal of Economics, 2016, 49 (4): 1658 –1684.

[154] Knight F. Risk, Uncertainty and Profit [J]. Social Science Electronic Publishing, 1921 (4): 682 –690.

[155] Krugman P. A "Technology Gap" Model of International Tradet [M]. Structural Adjustment in Developed Open Economies. Palgrave Macmillan UK, 1985.

[156] Lakatos C. , Nilssion L. The EU-Korea FTA: Anticipation, Trade Policy Uncertainty and Impact [J]. Review of World Economics, 2016, 153 (1): 1 –20.

[157] Lall S. The Technological Structure and Performance of Developing Country Manufactured Exports: 1985 – 1998 [J]. Oxford Development Studies, 2000 (3): 337 –353.

[158] Lall S. , Weiss J. A. , Zhang J. The Sophistication of Exports: A New Trade Measure [J]. World Development, 2006, 34 (2): 222 –237.

[159] Limão N. , Maggi G. Uncertainty and Trade Agreements [J].

American Economic Journal: Microeconomic, 2015, 7 (4): 7 – 42.

[160] Ma Y. , Tang H. , Zhang Y. Factor Intensity, Product Switching, and Productivity: Evidence from Chinese Exporters [J]. Journal of International Economics, 2014, 92 (2): 349 – 362.

[161] Markusen J. R. , Svenson L. E. Trade in Goods and Factors with International Differences in Technology [J]. International Economic Review, 1985 (26): 175 – 192.

[162] Melitz M. J. The Impact of Trade on Intra-industry Reallocations and Aggregate Productivity Growth [J]. Econometrica, 2003 (71): 1695 – 1725.

[163] Melitz M. J. , Redding S. J. Firm Heterogeneity and Aggregate Welfare [R]. CEPR Discussion Papers, 2013.

[164] Meredith C. , Huasheng S. , Ning M. Tariff scares: Trade policy uncertainty and foreign market entry by Chinese firms [J]. Cambridge Working Papers in Economics, 2018, 114 (SEP): 96 – 115.

[165] Michaely M. Trade, Income Levels and Dependence [M]. North-Holland, Amsterdam and North-Holland, 1984.

[166] Nelson R. R. , Phelps E. S. Investment in Humans, Technological Diffusion and Economic Growth [J]. Cowles Foundation Discussion Papers, 1966, 56 (1): 69 – 75.

[167] Osnago A. Trade Policy Uncertainty barrier to trade, 2015, https://www. wto. org.

[168] Pavcnik N. Trade Liberalization, Exit and Productivity Improvement: Evidence from Chilean Plants [J]. Review of Economic Studies, 2002, 69 (1): 245 – 276.

[169] Pierce J. R. , Schott P. K. The Surprisingly Swift Decline of US manufacturing employment [J]. American Economic Review, 2016, 106 (7): 1632 – 1662.

[170] Poncet J. S. Export sophistication and economic growth: Evidence

from China [J]. Journal of Development Economics, 2012, 97 (2): 281 – 292.

[171] Rauch J. E. Productivity Gains from Geographic Concentration of Human Capital: Evidence from the Cities [J]. Journal of Urban Economics, 1993 (34): 380 – 400.

[172] Redding S. Dynamic comparative advantage and the welfare effects of trade [J]. Economics Papers, 1999 (1): 15 – 39.

[173] Rodrik D. Policy uncertainty and private investment in developing countries [J]. Journal of Development Economics, 1991, 36 (2): 0 – 242.

[174] Rodrik D. What's So Special about China's Exports [J]. China &World Economy, 2006, 14 (5): 1 – 19.

[175] Schott P. K. Across product versus within product specialization in international trade [J]. The Quarterly Journal of Economics, 2004, 119 (2): 647 – 678.

[176] Schott P. K. The Relative Sophistication of Chinese Exports [J]. Economic Policy, 2008 (53): 5 – 49.

[177] Schott P. K., Pierce J., Schaur G., et al. Trade Policy Uncertainty and the Structure of Supply Chains [C]. 2017 Meeting Papers. Society for Economic Dynamics, 2017.

[178] Shepotylo O., Stuckatz J. Quantitative text analysis of policy uncertainty: FDI and trade of Ukrainian manufacturing firms [J]. Social Science Electronic Publishing, 2017 (6): 1 – 56.

[179] Slaughter M. J. Skill Upgrading in Developing Countries: Has Inward Foreign Direct Investment Played a Role? [J]. OECD Development Centre Working Papers, 2004 (6): 121 – 145.

[180] Smith K. What Is the "Knowledge Economy"? Knowledge Intensity and Distributed Knowledge Bases [J]. Discussion Paper, 2002 (6): 5 – 32.

[181] Srholec M. High-Tech Exports from Developing Countries: A Symptom

of Technology Spurts or Statistical Illusion? [J]. Review of World Economics, 2007 (2): 227 - 255.

[182] Steinberg J. B. Brexit and the macroeconomic impact of trade policyuncertainty [J]. Journal of International Economics, 2019 (117): 175 - 195.

[183] Topel R. Labor markets and economic growth [J]. Handbook of Labor Economics, 1999, 3, part c (3): 2943 - 2984.

[184] Tornell A. , Westermann F. Credit Market Imperfections in Middle Income Countries [J]. UCLA Economics Online Papers, 2003 (6): 1 - 29.

[185] Trefler D. The Case of the Missing Trade and Other Mysteries [J]. American Economic Review, 1995, 85 (5): 1029 - 1046.

[186] Trefler D. The Long and Short of the Canada-U. S. Free Trade Agreement [J]. American Economic Review, 2004, 94 (3): 870 - 895.

[187] Tybout J. R. Plant and Firm Level Evidence on New Trade Theories [C]. Handbook of International Trade by, 2003.

[188] Wang Z. , Wei S. The Rising Sophistication in China's Exports: Assessing the Roles of Processing Trade, Foreign Invested Firms, Human Capital and Government Policies [R]. Working Paper for the NBER Conference on China's Growing Role in World Trade, 2007.

[189] Willem T. , Pai Hao-Kai. The Sophistication of East Asian Exports [J]. Journal of the Asia Pacific Economy, 2015, 20 (4): 658 - 678.

[190] Wood A. , Mayer J. Africa's Export Structure in a comparative Perspective [J]. Cambridge Journal of Economics, 2001, 25 (3): 369 - 394.

[191] Xu B. Measuring China's Export Sophistication [R]. China Europe International Business School Working Paper, 2007.

[192] Xu B. The Sophistication of Exports: Is China Special? [J]. China Economic Review, 2010, 21 (3): 482 - 493.

[193] Xuan N. D. Trade Liberalization and Export Sophistication in Vietnam [J]. Journal of International Trade and Economic Development, 2016, 25 (8):

1071 – 1089.

[194] Yeaple S. R. A Simple Model of Firm Heterogeneity, International Trade, and Wages [J]. Journal of International Economics, 2005, 65 (1): 1 – 20.

[195] Zhang H. , Yang X. Intellectual property rights and export sophistication [J]. Journal of International Commerce, Economics and Policy, 2016, 7 (3): 1650015.

附　　录

附录1：第三章数理模型变量符号注释

第三章数理模型变量符号注释表

符号	代表含义	所在章节
v	连续的差异化产品	第三章第一节
μ	消费者在差异化产品上的支付份额	第三章第一节
Ω	消费的商品集合	第三章第一节
q_v	消费者对差异化产品的需求	第三章第一节
σ	各种差异化产品之间的需求替代弹性	第三章第一节
E	消费者对差异化产品的总支出	第三章第一节
p_v	消费者面临的差异化产品的价格	第三章第一节
P	差异化产品的价格指数	第三章第一节
V	特定行业	第三章第一节
τ_v	出口商面临的出口关税系数	第三章第一节
C_V	给定技术的企业其边际生产成本	第三章第一节
ψ^*	企业进入出口市场后随机获得的生产率	第三章第一节
w	出口国的工人工资	第三章第一节
d_V	与关税无关的可变出口成本	第三章第一节
ρ	企业收取的价格加成	第三章第一节
A	企业经营面临的外部条件，如国内工资、国外需求等	第三章第一节
a_{SV}	企业经营面临的整体条件，范围大于 A	第三章第一节
C_S^D	贸易伙伴贸易政策确定时的企业进入出口市场的门限值	第三章第一节
C_S^U	贸易伙伴贸易政策不确定时企业进入出口市场的门限值	第三章第一节

续表

符号	代表含义	所在章节
ψ_S^D	C_S^D 对应的生产率门限	第三章第一节
ψ_S^U	C_S^U 对应的生产率门限	第三章第一节
β	企业营业利润的贴现率	第三章第一节
S_0	企业当前所处的贸易政策状态，初始贸易状态	第三章第一节
S_B	贸易伙伴针对 V 行业的进口关税可能上升时的政策状态	第三章第一节
S_G	贸易伙伴针对 V 行业的进口关税可能下降时的政策状态	第三章第一节
S'	代表 S_B 和 S_G 两种状态	第三章第一节
Π_e	企业出口的期望值	第三章第一节
Π_w	企业出口等待期望值	第三章第一节
K	进入出口市场的技术升级沉没成本	第三章第一节
M	包含关税值的马尔科夫政策转移矩阵	第三章第一节
$t_{SS'}$	代表企业面临的政策状态从 S 过渡到 S' 的转换概率	第三章第一节
t_{OO}	当前政策状态不变的概率	第三章第一节
τ_0	行业长期的关税均值，企业初始政策状态 S_0 时的关税值	第三章第一节
τ_B	对出口不利的政策状态 S_B 对应的关税	第三章第一节
τ_G	对出口有利的政策状态 S_G 对应的关税	第三章第一节
U_m	不确定因子，即贸易政策不确定性指数 TPU	第三章第一节
C_{SZ}^D	贸易伙伴贸易政策确定时企业技术升级的门限值	第三章第一节
C_{SZ}^U	贸易伙伴政策不确定时企业的升级门限值	第三章第一节
ψ_{SZ}^D	C_{SZ}^D 对应的生产率门限	第三章第一节
ψ_{SZ}^U	C_{SZ}^U 对应的生产率门限	第三章第一节
Z	技术升级引起的边际成本下降为升级门限值的比例	第三章第一节
Φ	技术升级参数	第三章第一节
Π_{eZ}	使用升级技术的企业出口期望值	第三章第一节
Π_{wZ}	使用升级技术的企业出口等待的期望值	第三章第一节
Ω_{SV}^Z	进行技术升级的企业组	第三章第二节
PRODY	产业出口技术复杂度	第三章第二节
R_{SV}	产业出口增长	第三章第二节
I	技术升级所需的资金总额	第三章第二节

符号	代表含义	所在章节
R_0	企业积累的总财富中可以用于技术升级的资金	第三章第二节
H	高能力技术升级企业	第三章第二节
L	低能力技术升级企业	第三章第二节
β_1	进行技术升级的企业集里 H 型企业的份额	第三章第二节
$\tilde{p}_H$	H 型企业技术升级成功的概率	第三章第二节
$\tilde{p}_L$	L 型企业技术升级成功的概率	第三章第二节
R_H	H 型企业技术升级成功获得的收益	第三章第二节
R_L	L 型企业技术升级成功获得的收益	第三章第二节
R_i	企业技术升级成功获得的总收益	第三章第二节
R_i^E	企业投资者按照事先的合同约定获得的收益	第三章第二节
R_i^F	外部投资者按照事先的合同约定获得的收益	第三章第二节
F_G	企业决定向政府申请技术升级资金	第三章第二节
C_i^G	企业向政府申请技术升级资金的申请成本	第三章第二节
F_S	企业从社会投资者处筹得的升级资本	第三章第二节
F	企业获得外源资金总额 $F = (F_G - C_i^G) + F_S$	第三章第二节
K	受到 TPU 冲击时社会中的资本数量	第三章第二节
L_l	受到 TPU 冲击时社会中的非熟练劳动力	第三章第二节
L_h	受到 TPU 冲击时社会中的熟练劳动力	第三章第二节
TR_1	第一期社会中要素总收益	第三章第二节
ω_k	资本收益率，也是技术升级资本的机会成本	第三章第二节
ω_{ll}	非熟练劳动力的收益率	第三章第二节
ω_{hl}	熟练劳动力的收益率	第三章第二节
ξ	技术升级资本转化为人力资本"迁回"地间接参与生产的比例	第三章第二节
k^*	将一单位的非熟练劳动力转换为人力资本需要的资本	第三章第二节
ΔL	社会中可以转化的非熟练劳动力	第三章第二节
TR_2	第二期社会中要素总收益	第三章第二节

附录2：第四章高技术产业基准分类及分类标准转换

　　测度高技术产业出口技术复杂度以及 TPU 需要用到进出口额、关税、非关税壁垒以及各种经济特征的数据，而世界上还没有一个按照工业行业以及部门细分的标准，因此第四章到第六章实证部分进行下去的一个首要任务就是确定工业行业的分类标准。本书研究的目的是为中国高技术产业发展服务的，因此，本书以《中国高技术产业统计年鉴》为基准，研究其所提供的六大产业（年鉴指出，"除了信息化学品制造，其他五类内容均可与 OECD 分类标准衔接，能够满足国际比较的需要"，因此剔除其中的一类）。进出口额、关税、非关税壁垒以及各种数据的计算和集结都是在这一分类基础上进行的，高技术产业分类及转换如附图 1 所示。

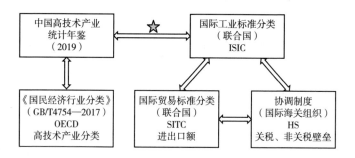

附图1　第四章高技术产业基准分类及分类标准转换

　　注：☆这两者进行匹配时参考了 Lall（2000）、盛斌（2002）、胡潇（2007）等对高技术产业的分类。